KB275862

기본 핵심

전치사 6개로

공략하는

iBT TOEFL

빈출숙어 888

Richard S. Kim 지음

J PLUS
Language Publishing Co.

모든 언어는 문자 그대로 해석해서는 이해할 수 없는 숙어나 관용적 표현들을 가지고 있다.

영어 어휘력이 풍부하다고 하는 학생들조차도 영어 문장의 의미를 제대로 파악하지 못하는 경우를 종종 보게 되는데, 이것은 바로 숙어(Idiom) 때문이다.

우리가 쉽다고 생각하는 단어일지라도 서로 결합하게 되면 단어 자체의 의미로도 사용되지만, 단어 하나하나의 의미와는 전혀 다른 뜻을 나타내는 경우가 많아서 문장의 의미 파악에 어려움을 겪게 되는 것이다.

이 책은 기본 핵심 전치사 6개로 iBT TOEFL의 4개 Section에서 사용할 수 있는 빈출 숙어를 총체적으로 모아 본 것이다. 과거의 CBT TOEFL에서는 수동적으로 문장을 듣거나 독해해야 했지만, iBT TOEFL에서는 자기가 알고 있는 유용한 표현을 능동적으로 말하거나 써야 하는 것이므로 숙어의 무장이 특히 절대적이라고 할 수 있다.

또한 숙어의 정복이 한 권에 나온 컨셉만으로는 부족하다고 생각하여 「기본 핵심 동사 9개로 공략하는 iBT TOEFL 빈출 숙어 888」「기본 핵심 전치사 6개로 공략하는 iBT TOEFL 빈출 숙어 888」「핵심 구동사로 공략하는 iBT TOEFL 빈출 숙어 888」세 권의 시리즈로 엮어 보았다. 이 세 권의 시리즈를 충분히 소화해 내면 TOEFL뿐만 아니라 기타 영어 자격시험에서도 발군의 실력을 발휘할 수 있을 것이다.

저자 Richard S. Kim

At

전치사 at의 기본 개념은 하나의 점을 의미한다. 손가락 하나로 누구를 지적할 때 point at, '5시에'를 at five o'clock라고 표현하는 것이 그러한 이유다. 한편 on은 2차원 in은 3차원의 개념이다.

☐ ☐ at a bargain sale

특가 판매로

➡ at a special sale

They are lining up to buy it at a bargain sale.
그들은 염가로 그것을 사기 위해 줄을 서 있다.

☐ ☐ at a blow

한방에; 일격으로

➡ with one stroke

They beat the enemy at a blow.
그들은 적을 일망타진했다.

☐ ☐ at a breath

단숨에, 단번에

➡ in one breath; at a stroke; at a whack; at the first go

He made a million dollars at a breath.
그는 단번에 백만 달러를 벌었다.

☐ ☐ at a burst

단숨에, 분발하여

➡ at one burst; at a breath; at a stretch

I want you to finish your work at a burst.
나는 당신이 단숨에 일을 끝내기를 바랍니다.

005 at a distance

좀 떨어져서

➡ at some space

At a distance it looks like a big ship.

좀 떨어지니 그것은 큰 배처럼 보였다.

006 at a fast pace

빠른 속도로

➡ at high speed

You have to move **at a fast pace** at the moment.

지금 빠른 속도로 움직여야 한다.

007 at a gift

공짜로

➡ for free

He would not take it from me **at a gift**.

그는 공짜로 그것을 받으려 하지 않았다.

008 at a glance

얼핏 보아서

➡ at the first glance; at first sight

At a glance it may look like strawberry jam.

얼핏 보아 그것은 딸기잼 같다.

at a loss

어찌할 바를 몰라, 당황한

➡ at loose ends; in a tight box

I was at a loss what to do.
나는 무엇을 해야 할지 몰라 쩔쩔 맸다.

at a loss

손해를 보고

➡ at a cost

I was forced to sell my car at a big loss.
나는 큰 손해를 보고 내 차를 팔아야 했다.

at a moment's notice

지금, 곧

➡ at once; immediately; instantly; without delay

They are ready to start at a moment's notice.
그들은 언제든지 곧 출발할 수 있도록 준비되어 있다.

at a premium

프리미엄이 붙은, 수요가 많은

➡ wanted very much, but difficult to get or achieve

The music concert tickets are very much at a premium right now.
그 음악 콘서트 티켓들은 지금 프리미엄이 엄청나게 붙어 있다.

013

at a sitting

한번에; 한번 앉은 자리에서; 단숨에

➡ at one sitting; at a stretch

Twenty of us could dine together **at a sitting** in that restaurant.

우리 20명은 그 레스토랑에서 한번에 모두 식사를 할 수 있었다.

014

at a snail's pace

매우 천천히

➡ very slowly

The construction work is proceeding **at a snail's pace**

공사는 아주 천천히 진행되고 있다.

015

at a stretch

단숨에

➡ at a stroke; at a breath

He finished up two bottles of whiskey **at a stretch**.

그는 단숨에 위스키 두 병을 마셔 버렸다.

016

at a stroke

일격에; 단숨에, 일거에

➡ at one stroke; at a breath

You cannot become a millionaire **at a stroke**.

너는 일거에 백만장자가 될 수 없다.

017 at a time

한번에, 동시에

➡ all at once; at the same time

We can go inside this small tunnel up to three men **at a time**.

한번에 세 사람까지 이 작은 터널 안을 들어갈 수 있다.

018 at a whack

〈구어〉 단숨에, 재빨리

➡ at a breath; promptly

He made 3,000 dollars **at a whack** at the casinos last night.

그는 어젯밤 카지노에서 단숨에 삼천 달러를 벌었다.

019 at all costs

어떻게 해서든지, 어떤 희생을 치르더라도, 기어코

➡ at any cost; at all risks

I'll get there with him by four o'clock **at all costs**.

어떻게 해서든지 나는 거기에 4시까지 그와 함께 갈 것이다.

020 at all events

하여간, 좌우간, 여하튼 간에

➡ in any event

At all events, let's make every effort to accomplish our purpose.

어쨌든, 우리의 목적을 달성하도록 노력합시다.

021 at all hazards

온갖 어려움을 무릅쓰고, 기어이, 어떤 짓을 해서라도

➡ at all risks; at all costs; by any means

I will accomplish my purpose at all hazards.

나는 어떤 일이 있어도 내 목적을 이룰 생각이다.

022 at all risks

어떤 위험을 무릅쓰고서라도, 반드시, 꼭, 기어이

➡ at all costs; at any risk

I'll get there with her by five o'clock at all risks.

반드시 5시까지 그녀와 함께 거기에 갈 것이다.

023 at all times

항상, 언제든지, 늘

➡ always; constantly

The two girls stick together at all times.

그 두 소녀는 늘 붙어다닌다.

024 at an angle

굽어서, 비스듬히

➡ on the skew

Please tilt your wine glass at an angle and let the wine slowly flow into it.

와인 잔을 비스듬히 기울여서 와인이 천천히 그 잔에 흘러 들어가게 해라.

☐ at an early age
☐

어린 나이에, 약관에

➡ while in one's youth

She lost her parents **at an early age**.
그녀는 조실부모하였다.

☐ at anchor
☐

정박하여

➡ anchored

His boat is lying **at anchor** in the harbor.
그의 보트는 항구에 정박하고 있다.

☐ at any cost
☐

어떻게 해서든지

➡ at all costs; by any means

I will get there by two o'clock and get a ticket for you **at any cost**.
두 시까지 가서 표를 어떻게 해서든지 구할게.

☐ at any expense
☐

아무리 비용이 들더라도, 어떤 희생을 치르더라도

➡ at any cost; at any price

I will accomplish my purpose **at any expense**.
나는 어떤 대가를 치르더라도 목적을 이룰 생각이다.

029 at any minute

지금 당장에라도, 언제라도, 곧

➡ very shortly

My mother will be here **at any minute**.

어머니가 곧 여기에 오실 것이다.

030 at any moment

바로, 언제라도, 지금이라도, 당장이라도

➡ at any time; immediately

She made as if to leave **at any moment**.

그녀는 당장이라도 떠날 것처럼 행동하였다.

031 at any price

어떤 희생을 치르더라도, 꼭, 무슨 일이 있어도

➡ at all costs; at any cost

She told me she would meet my boss **at any price**.

그녀는 어떤 일이 있어도 내 상사를 만날 것이라고 나에게 말했다.

032 at any rate

하여튼, 적어도, 어쨌든

➡ in any case; anyhow

At any rate I don't want you to go there with her.

어쨌든 나는 네가 그녀와 같이 거기에 가지 않았으면 좋겠다.

033

☐ ☐ ## at arm's length

어느 정도 거리를 두고, 쌀쌀하게; 공정하게

➡ at a distance; indifferently

I will do business with them **at arm's length**.

나는 그들과 거리를 두고 거래를 할 것이다.

034

☐ ☐ ## at best

잘해야, 기껏해야, 잘해 봤자

➡ in the best possible case; in the most favorable case; as the best possibility

At best, she will be able to get to Tokyo before five o'clock.

잘해 봤자 그녀는 5시 전에 동경에 도착할 수 있을 것이다.

035

☐ ☐ ## at cross purposes

서로 어긋난

➡ at cross-purposes; having the opposing view

My opinion is always **at across purposes** with my teacher's opinion.

내 의견은 항상 선생님과 어긋난다.

036

☐ ☐ ## at death's door

죽음 가까이에, 사경을 헤매는, 죽음의 문턱에 있는

➡ near death; at the point of death

He was badly hurt in the car accident last night, so he was **at death's door**.

그는 어젯밤 자동차 사고로 크게 다쳐서 사경을 헤매고 있다.

037 at every turn

언제나, 항상; 모퉁이마다, 가는 곳마다

➡ always; every time; continually

She speaks ill of me at every turn.

그녀는 가는 곳마다 내 욕을 한다.

038 at fault

잘못한

➡ wrong; responsible for one's mistake

I think you have to admit you were at fault.

네가 잘못했다는 것을 인정해야 한다고 생각해.

039 at first

처음에

➡ at the start; firstly

At first I thought I liked his idea, but on second thought I decided to oppose it.

처음에는 그의 생각이 마음에 들었지만, 다시 생각해 보고 나서 반대하기로 결정했다.

040 at first blush

언뜻 보기에는

➡ at a glance; at first sight

At first blush she may look like a princess.

얼핏 보면 그녀는 공주 같다.

041
☐ ☐ **at first hand**

직접적으로

➡ directly

He got the news **at first hand** from me.

그는 나한테서 직접 그 소식을 들었다.

042
☐ ☐ **at first sight**

첫눈에

➡ at first glance

At first sight, I felt in love with her.

첫눈에, 나는 그녀에게 반했다.

043
☐ ☐ **at full blast**

힘껏, 전력을 다하여; 최고 속도로, 풀가동으로

➡ with all one's force; fully

You have to study **at full blast** in order to pass the test.

시험에 합격하기 위해 최선을 다하여 공부해야 한다.

044
☐ ☐ **at full length**

팔다리를 쭉 펴고; 장황하게; 충분히, 상세히

➡ in detail; at great length

I advised her not to tell the story **at full length**.

나는 그녀에게 그 이야기를 장황하게 늘어놓지 말 것을 충고하였다.

045 at full speed

전속력으로

➡ full speed; at top speed

The soldiers ran **at full speed** toward the enemies.

그 군인들은 최고 속도로 적들을 향해 달려갔다.

046 at full throttle

전속력으로

➡ at full speed

He drove his car **at full throttle**.

그는 전속력으로 그의 차를 운전했다.

047 at half time

스포츠의 휴식 시간에

➡ during a break

They didn't say very much **at half time**.

그들은 중간 휴식 시간에 별로 말을 하지 않았다.

048 at hand

가까이에

➡ within reach; close to; in the neighborhood

The summer vacation comes **at hand**.

여름 방학이 가까워 온다.

049 at heart

마음 속으로; 내심

➡ in one's true thoughts

He was pleased to hear that news at heart.

그 소식을 듣고 그는 내심 기뻐하고 있었다.

050 at home in

~에 정통하다, ~에 밝다, ~에 익숙하다

➡ to know something inside out; to be well acquainted with

She is throughly at home in international affairs.

그녀는 국제 정세에 충분히 통달해 있다.

051 at intervals

때때로, 교체의

➡ at times; from time to time

They called on me at intervals.

그들은 나를 이따금 방문하였다.

052 at intervals of

~의 일정한 간격을 두고, 일정한 거리를 두고

➡ apart

You should ring a bell at intervals of ten minutes.

10분 간격으로 벨을 울려야 한다.

at issue

논쟁 중인, 미해결의

➡ in dispute; under consideration

The question now **at issue** is whether he goes there or not.

지금 논쟁 중인 문제는 그가 거기에 가느냐 가지 않느냐 하는 것이다.

at large

상세히, 충분히

➡ in detail

We have to discuss the matter **at large** right now.

우리는 지금 그 문제를 상세히 논의해야 한다.

at large

범인 등이 잡히지 않은, 도주 중인, 오리무중인

➡ not in prison; on the loose

The murderer who escaped a week ago is still **at large**.

일주일 전에 탈옥한 살인범은 아직도 잡히지 않았다.

at last

마침내, 드디어

➡ finally; at the end

He has **at last** learned his address by heart.

그는 마침내 그의 연설문을 암기했다

057
at leisure

한가하여, 바쁘지 않은

➡ not busy; free; unoccupied

I am seldom at leisure to help her.
그녀를 도와 줄 여유가 없다.

058
at length

마침내, 결국은

➡ finally; in the end; at last; at long last

At length I finished my thesis.
마침내 나는 논문을 완성했다.

059
at length

상세하게

➡ in detail

Jenny had to study the subject at length to understand.
제니는 그 과목을 이해할 수 있도록 자세히 공부해야 했다.

060
at liberty

마음대로, 자유스러운

➡ free

You are at liberty to use these computers in the library.
도서관의 컴퓨터들을 자유롭게 사용할 수 있습니다.

at long last

마침내

➡ finally; in the end; at last; at length

At long last she agreed to my opinion.

마침내 그녀는 내 의견에 동의했다.

at loose ends

혼란한, 어찌할 바를 몰라서; 미결인 채로

➡ at a loose end; restless

I've been **at loose ends** ever since I got fired.

나는 해고당한 후로, 혼란스러웠다.

at moments

때때로, 틈을 내서

➡ now and then

Even with my busy schedule I find time to visit my parents **at moments**.

나는 바빠도 시간을 내서 가끔 부모님을 뵈러 간다.

at most

기껏해야

➡ at the maximum; at the most

It is two kilos **at most** from here.

여기서 고작해야 2킬로미터밖에 안 된다.

065 at no charge

무료로

→ free of charge; gratis; for nothing; without pay; without a fee

They will deliver those books **at no charge**.

그들은 그 책들을 무료로 보낼 것이다.

066 at odd moments

이따금씩, 때때로

→ occasionally; now and then; at odd times

I am absorbed in memories of my childhood **at odd moments**.

나는 이따금씩 어린 시절의 추억에 잠긴다.

067 at odds with

~와 사이가 나쁜, ~에 동의하지 않는

→ having issues with; in conflict with

Mary and I are **at odds with** each other.

메리와 나는 서로 사이가 좋지 않다.

068 at one time or another

한두 번, 한 번 이상; 언젠가

→ more than one or two

He has had his hands in the till **at one time or another**.

그는 공금을 착복한 적이 있다.

069 at one's own charges

자비로

➡ at one's own expense

I will go abroad to work for three months **at my own charges**.

나는 자비로 3개월 간 해외 출장을 가려고 한다.

070 at one's best

가장 좋은 상태에, 전성기에; 꽃 등이 한창인

➡ in the best state or condition; in full bloom

He is **at his best** in the short stories.

그는 단편 소설에서 그의 진가를 잘 발휘한다.

071 at one's convenience

편리한 때에, 마음대로; 형편 닿는 대로

➡ at the first opportunity; at one's own convenience

Please give me a call **at your convenience**.

편하실 때 전화 주세요.

072 at one's disposal

~(누구) 마음대로 되는

➡ at one's command; at the disposal of

I was so busy preparing for final exams that I could hardly have even a moment **at my disposal**.

나는 기말 시험을 준비하느라고 바빠서 내 시간을 조금도 가지지 못했다.

073 at one's leisure

편리한 때에, 한가한 때에, 느긋하게

➡ at one's convenience; at odd moments

Won't you drop in just for tea **at your leisure**?

한가할 때 차 마시러 오지 않을래요?

074 at one's own expense

자비로; 자기를 희생시켜

➡ at one's charge; at one's sacrifice

We will make a round-the-world trip **at our own expense**.

우리는 자비로 세계 일주를 할 것이다.

075 at one's own risk

자기가 책임지고

➡ bearing full responsibility for something

You'll have to swim **at your own risk**.

위험에 대해서는 본인이 책임지고 수영해야 합니다.

076 at one's peril

위험을 각오하고

➡ at one's risk; on one's life

We will accomplish our goal **at our peril**.

우리는 목숨을 내걸고 목표를 달성할 것이다.

077
at one's request

~의 요청에 의해서

➡ for a favor of; at the request of

I went there at my mother's request.
나는 어머니의 요청대로 그곳에 갔다.

078
at one's risk

~의 위험을 무릅쓰고, ~을 희생하고

➡ at the risk of; at one's peril

He did it at his risk.
그는 위험을 무릅쓰고 그 일을 하였다.

079
at one's service

~(누구) 마음대로, ~(누구) 뜻대로

➡ at one's pleasure; at will

I will place my computers at your service.
내 컴퓨터를 자유롭게 쓸 수 있도록 해둘게요.

080
at one's wit's end

어쩔 줄 모르고 있는, 당혹스러운

➡ at a loss; perplexed; completely frustrated

She was at her wit's end when she was in a car accident.
그녀는 자동차 사고가 나자 어쩔 줄 몰랐다.

081
at one's wits' end

어찌할 바를 모르는, 좌절하거나 걱정하는

➡ at a loss; perplexed; completely frustrated; at one's wit's end

The missing child's parents are **at their wits' end** right now.

아이를 잃어버린 부모들은 지금 어찌할 바를 모르고 있다.

082
at peace

평화롭게; 사이좋게

➡ peacefully; living in harmony

We are now **at peace** with them for the sake of our country.

우리는 우리 나라를 위해 그들과 평화롭게 지낸다.

083
at play

경기중인, 놀고 있는, 장난하고 있는

➡ playing

The men you want to see are **at play** in these pictures.

당신이 만나고자 하는 사람들은 이들 사진 속에서 경기하고 있는 사람들이다.

084
at random

닥치는 대로, 임의로

➡ without aim; without any plan

They were selected **at random** from this list.

그들은 이 리스트에서 무작위로 뽑혔다.

085 at recess

휴식 시간에

➡ during recess

She was found at the coffee shop **at** noon **recess**.

그녀는 점심 휴식 시간에 커피숍에 있었다.

086 at rest

휴식하여, 안심하여, 정지하여, 해결되어

➡ taking a rest

You seem to have your mind **at rest**.

너는 편안해 보인다.

087 at risk

위험한 상태에

➡ on thin ice

A million people in Niger are already **at risk** of severe hunger.

니제르의 백만 명은 이미 심각한 기아 상태에 있다.

088 at school

수업 중에, 학교에서

➡ in class

I was pleased to see them **at school**.

학교에서 그들을 보니 기뻤다.

089
☐☐ **at sea**

해상에서; 막막하여 어쩔 줄 모르고

➡ on the sea; all at sea; confused

They were overtaken by the rainstorm **at sea**.
그들은 해상에서 폭풍우를 만났다.

090
☐☐ **at second hand**

간접적으로

➡ indirectly; secondhand; in a roundabout way

She learned of it **at second hand** yesterday.
그녀는 어제 그것을 얻어 들었다.

091
☐☐ **at second hand**

중고로

➡ secondhand

I bought this book cheaply **at a second hand shop**.
나는 이 책을 중고로 싸게 샀다.

092
☐☐ **at short notice**

즉시, 당장에

➡ quickly; immediately; without notice

I have to go to his office **at short notice**.
나는 급히 그의 사무실로 가야만 한다.

093 at sixes and sevens

불일치로, 혼란하여, 뒤범벅이 되어, 의견이 일치하지 않아

➡ in great confusion; in a mess

They are at sixes and sevens about that plan.

그들은 그 계획에 대하여 의견이 분분했다.

094 at someone's elbow

팔 닿는 곳에, 바로 가까이에

➡ close to someone; at the elbow

I put that book back at your elbow.

그 책을 당신 가까이에 되돌려놓았습니다.

095 at someone's heels

~을 따라서, ~에 이어

➡ close behind; following closely after

The car is at my heels during my drive.

내가 운전하는 동안에 그 차가 나를 따라오고 있다.

096 at someone's mercy

~의 처분대로, ~의 마음대로

➡ at the mercy of; completely in someone's power

She has always lived at her husband's mercy.

그녀는 항상 남편에게 휘둘려서 살아왔다.

☐ ☐ at stake

위태로운

➡ risked; at risk; in danger

Their lives in the building are at stake now.

지금 빌딩 안에 있는 이들의 목숨이 위험하다.

☐ ☐ at that

게다가

➡ in addition; and that; into the bargain

She is beautiful and rich at that.

그녀는 예쁘고, 게다가 부자이다.

☐ ☐ at the age of

~살 때에

➡ aged

He talked well at the age of two.

걔는 두 살 때에 말을 잘 했다.

☐ ☐ at the bar

법정에서; 변호사업으로

➡ in court; working as a lawyer

We made up our mind to argue about the problem at the bar.

우리는 그 문제를 법정에서 논의하기로 결정하였다.

101 at the beck and call of

~(누가) 시키는 대로

➡ under someone's thumb

He had to be **at the beck and call of** them.

그는 그들이 시키는 대로 해야 했다.

102 at the cost of

~을 희생시켜서

➡ at the expense of; at the price of

Your mother brought up your brothers **at the cost of** her life.

네 어머니는 자신의 삶을 희생하여 너희 형제들을 키웠다.

103 at the critical moment

위급한 순간에, 막판에

➡ at the last moment

I felt no fear **at the critical moment**.

나는 막판에 무서움을 느끼지 않았다.

104 at the double

황급히, 신속히

➡ very quickly

Let's go there **at the double**.

서둘러 거기에 갑시다.

at the drop of a hat

신호가 있으면, 즉시

➡ instantly

I am ready to go out **at the drop of a hat**.

나는 지금 당장이라도 외출할 준비가 되어 있다.

at the eleventh hour

마지막 기회에, 막판에

➡ at the last possible moment

Thanks to his effort **at the eleventh hour**, the assignment was submitted just before the deadline.

그가 막판에 노력한 덕분에, 숙제를 마감 전에 제출할 수 있었다.

at the end

최후에, 끝내는

➡ finally; in conclusion

You will have the chance to ask questions **at the end**.

마지막 질문을 하실 시간이 있습니다.

at the end of the day

〈구어〉 결국은, 결국에는, 최후에는

➡ eventually

At the end of the day, she will regret that she quits that company.

결국 그녀는 그 회사를 그만두는 것을 후회할 것이다.

109 at the expense of

~을 희생시켜서, ~의 비용으로

➡ to the disadvantage of

They are getting richer and richer **at the expense of** the poor.

가난한 사람들을 희생시킴으로써 그들은 더욱 더 부자가 되어 가고 있다.

110 at the expiration of

~의 만료 때에

➡ when something expires

What will he do **at the expiration of** his term in office?

임기가 끝나면 그는 무엇을 할까요?

111 at the first blush

잠깐 본 바로는, 언뜻 보기에는

➡ at a glance

As for me, these affairs seemed easy **at the first blush**.

나로서는 그 사건들이 언뜻 보기에 쉬운 것 같았다.

112 at the first opportunity

기회가 되는 대로

➡ on the first opportunity

I would like to study abroad with him **at the first opportunity**.

나는 기회가 되는 대로 그와 외국 유학을 하고 싶다.

113 at the foot of

☐
☐
~의 아랫부분에, ~의 기슭에

➡ at the lower part of; at the bottom of

There is a beautiful lake **at the foot of** the mountain.

산 아래 아름다운 호수가 있다.

114 at the hazard of

☐
☐
~을 걸고

➡ taking a risk of

I will finish this **at the hazard of** my life.

내 목숨을 걸고 이것을 끝낼 것이다.

115 at the height of

☐
☐
~이 한창일 때에; ~의 정상에

➡ at the climax of; at the summit of

I think he is **at the height of** happiness now.

그는 지금 행복의 절정에 있는 것 같다.

116 at the highest

☐
☐
최고의 위치에; 아무리 높아도, 기껏해야

➡ at the most

It won't cost more than five thousand dollars **at the highest**.

그것은 기껏해야 5천 달러밖에 하지 않을 것이다.

117 at the last minute

막바지에, 최종 순간에

➡ until the last minute

We made a compromise with them **at the last minute**.

우리는 막바지에 그들과 타협을 하였다.

118 at the last moment

마지막 위험한 순간에, 막판에

➡ at the critical moment

The boy got cold feet in the tunnel **at the last moment**.

그 소년은 터널에서 막판에 무서운 생각이 들었다.

119 at the latest

늦어도

➡ at latest

He'll be back by four **at the latest**.

그는 늦어도 4시까지는 돌아올 것이다.

120 at the mercy of

~의 마음대로 되어, ~에 좌우되어

➡ under the control of; wholly in the power of

They have drifted about **at the mercy of** the waves.

그들은 2주 동안 파도에 이리저리 떠밀려 다녔다.

121
at the moment

현재, 마침 지금

➡ at the present moment; at the very moment

You seem to have nothing to do **at the moment**.

네가 지금 할 일은 없는 것 같다.

122
at the outset

맨 처음에

➡ at first; at the beginning

At the outset, it looked like a nice day.

처음에는 날씨가 좋은 것 같았다.

123
at the peak of one's career

전성기에

➡ in one's heyday

My father was **at the peak of his career** when he worked for that company.

우리 아버지는 그 회사에서 근무하실 때 전성기였다.

124
at the point of

~의 순간에

➡ in the moment of

She was crying so much **at the point of** her father's death.

그녀는 아버지의 죽음을 맞이하는 순간 통곡하였다.

at the point of the sword

무력으로, 칼을 들이대어

➡ by force

We'll have to settle an international dispute **at the point of the sword**.

우리는 무력으로 국제적인 분쟁을 해결해야 할 것이다.

at the precise moment

바로 그때

➡ at the very moment

He shouted at me to come **at the precise moment**.

그는 바로 그때 나보고 오라고 소리쳤다.

at the rate of

~의 비율로; ~의 속도로

➡ at a rate of; in the ratio of

My red car ran **at the rate of** nine miles an hour.

내 빨간 차는 시속 9마일로 달렸다.

at the risk of

~을 무릅쓰고, ~을 희생하고, ~을 걸고

➡ at the peril of; at the sacrifice of

I accomplished my duty but only **at the risk of** my health.

나는 의무를 다했지만 그로 인해 건강을 희생해야만 했다.

129 at the sacrifice of

~을 희생시켜

➡ at the price of; at the expense of; at the cost of

You don't need to work in this company **at the sacrifice of** your pleasure.

당신의 즐거움을 희생하면서까지 이 회사에서 일을 할 필요는 없다.

130 at the sight of

~을 보고

➡ at the eyes of; on seeing

The girl ran for her life **at the sight of** the monster.

그 소녀는 괴물을 보고 필사적으로 달렸다.

131 at the thought of

~을 생각하면

➡ thinking about

She got angry **at the thought of** her son being beaten by them.

그녀는 그녀의 아들이 그들에게 맞는 것을 생각하자 화가 났다.

132 at the tip of one's tongue

하마터면 말이 나올 뻔한, 말이 입끝에서 뱅뱅 돌 뿐 생각이 안 나는

➡ on the tip of one's tongue

Your telephone number is **at the tip of my tongue**.

네 전화번호가 생각나지 않는다.

133 at the top of one's lungs

큰 소리로, 소리 지르며

➡ very loudly

I don't want to yell at you **at the top of my lungs** in here.

여기서 큰소리로 당신들에게 소리를 지르고 싶지 않다.

134 at the top of one's voice

아주 큰 목소리로, 목청껏 소리 내어

➡ at the top of one's lungs

He yelled at me **at the top of his voice**.

그는 목청껏 소리 내어 나에게 고함쳤다.

135 at the vanguard of

~의 선봉에서

➡ in the forefront of

A special task force could strike quickly **at the vanguard of** an invading army.

특수 부대는 침입하는 군대의 전위에서 신속히 공격할 수 있을 것이다.

136 at the wheel

운전하여, 핸들을 잡고 있는

➡ driving a car; sitting behind the driving wheel

My wife's still getting used to being **at the wheel**.

아내는 아직 운전에 익숙하지 않다.

137
at times

때때로, 가끔

➡ from time to time; now and then

At times, this boy behaves violently.

때때로 이 아이는 난폭하게 행동한다.

138
at variance with

~와 다투는, 불화인, 모순인, 차이가 나는

➡ at strife with

Many of their statements were **at variance with the facts.**

그들이 진술한 많은 부분이 사실과 일치하지 않았다.

139
at will

마음대로, 뜻대로

➡ at one's pleasure; when one wishes

You may go anywhere **at will** from this time on.

지금부터 마음대로 어디든 갈 수 있다.

140
at wit's end

어찌할 바를 모르고

➡ at one's wits' end

I am really **at wit's end** at this time.

나는 이럴 때 어찌할 바를 모르겠다.

141 at work

일터에서, 일하고 있는, 활동하는, 직장에

➡ at business

I know how to take charge when I am **at work**.

나는 일을 할 때 어떻게 책임을 져야 하는지 안다.

142 at worst

아무리 나빠도

➡ in the worst possible case

At worst, you can get third prize.

아무리 못해도 너는 3등상은 탈 수 있어.

By

전치사 by의 기본 의미는 '어떤 것의 영향권에 무엇이 있는' 것이다. 일반적으로 He sit by the stove.의 경우 옆에 있기 때문에 사람이 스토브와 관련이 있다는 것을 알 수 있다. by bus의 경우 버스에 의하여(수단) 사람이 이동 가능한 것이다.

143
by a hairbreadth

간발의 차로, 가까스로, 아슬아슬하게

➡ by a nose; by a hair's breadth

I was able to escape from injury **by a hair-breadth**.

나는 가까스로 부상을 면할 수 있었다.

144
by a long shot

큰 차이로, 크게, 뛰어나게

➡ by a big difference; by far

We were able to beat out the bids of the other companies **by a long shot**.

우리는 큰 차이로 다른 회사들의 입찰을 누를 수 있었다.

145
by a narrow margin

작은 차이로, 간신히, 아슬아슬하게

➡ narrowly; in the nick of time

Without your injury, you might have won the game **by a narrow margin**.

부상만 아니었으면 네가 근소한 차이로 이길 수 있었을텐데.

146
by all means

어서 하세요(대답), 좋고말고

➡ go ahead and do it

By all means. We are in a hurry.

어서 하세요. 우리 서둘러야 해요.

by all means

아무쪼록, 반드시, 무슨 일이 있어도

➡ surely; without fail; at all costs; ay any costs; on your life

You should finish your job by the end of this month **by all means**.

이달 말까지는 반드시 당신의 일을 끝내야 합니다.

by all odds

확실히

➡ surely, certainly

He was, **by all odds**, the strongest candidate.

그는 가장 강력한 후보임에 틀림없다.

by and by

곧, 이윽고, 머지않아, 잠시후에

➡ eventually; before long; after a while

By and by you will understand my lectures in English.

머지않아 너는 영어로 하는 내 강의를 이해할 것이다.

by any chance

만약에, 혹시나

➡ if; provided

Can I use your computer **by any chance**?

컴퓨터를 사용해도 됩니까?

151 ☐ ☐ by any means

어떻게 해서라도, 아무리 해도

➡ in any way; at all costs; at any cost

You do not look forty by any means.

당신은 아무리 해도 40살로는 보이지 않아요.

152 ☐ ☐ by birth

태생은, 타고 난

➡ naturally; by nature

I think that pianist is an American by birth.

저 피아니스트는 미국태생인 것 같다.

153 ☐ ☐ by cash

현금으로

➡ by ready money

You have to pay by cash right now.

지금 현금으로 지불해야 합니다.

154 ☐ ☐ by chance

우연히

➡ unexpectedly

Two days ago I heard the news by chance on the street.

이틀 전에 나는 길거리에서 우연히 그 뉴스를 들었다.

by choice

고른다면, 특히, 즐겨서, 좋아서

➡ voluntarily; willingly; freely; of one's free will

I've gone deep into my studies **by choice** for five years.

5년 동안 내가 좋아서 연구에 푹 빠져 있다.

by course of

~의 절차에 따라, ~의 관례에 따라서, ~의 수속에 따라

➡ according to custom of

We'll punish the criminals severely **by course of** law.

법대로 그 범인들을 엄중히 처벌할 것이다.

by courtesy of

~의 허가에 의해, ~의 호의에 따라

➡ by favor

By courtesy of him, I used his photograph.

허락을 받고 그의 사진을 사용하였다.

by day

낮에는, 주간에는

➡ during the daytime

We were on duty **by day** in the basement.

우리는 낮에 지하실에서 근무했다.

159 by degrees

서서히, 점차로

➡ little by little; gradually

It grows hotter **by degrees**.

점점 더워지고 있어요.

160 by dint of

덕택으로; ~에 의해서

➡ on the strength of; by means of; by the use of; through

Your success in this company is largely **by dint of** hard work.

네가 이 회사에서 성공한 것은 열심히 일한 덕분이다.

161 by fits and starts

이따끔 때때로 생각난 듯이; 하다 말다 질질 끌면서;

➡ irregularly; erratically; in fits and starts

I will get this job done **by fits and starts**.

나는 생각날 때마다 짬짬이 그 일을 마치려고 한다.

162 by halves

불완전하게; 어중간하게

➡ incompletely; imperfectly; about halfway

My father told me not to do things **by halves**.

아버지께서는 일을 어중간하게 해서는 안 된다고 말씀하셨다.

by heart

외워서

→ by memorizing

Do you know all the words you have studied in my class by heart?

수업 시간에 배운 단어들을 모두 알고 있니?

by hook or by crook

무슨 일이 있더라도

→ one way or another; whatever may happen; come what may

I intend to get my way, by hook or by crook.

나는 무슨 일이 있어도 나의 길을 갈 작정이다.

by inches

조금씩, 차츰; 간신히

→ gradually; little by little

I escaped death by inches in a swimming pool today.

나는 오늘 수영장에서 간신히 죽음을 모면했다.

by Jove

정말로, 어머나; 신에 맹세코; 천만에

→ by Jupiter; goodness

By Jove, it was fantastic.

정말로 대단합니다.

☐ ☐ by law

법률적으로

➡ legally

The sale of this drug is prohibited by law.

이 약품은 법적으로 판매가 금지되어 있다.

☐ ☐ by leaps and bounds

급속도로, 비약적으로

➡ very rapidly

His French has improved by leaps and bounds since he started to study harder.

더 열심히 공부한 이후로 그의 프랑스어 실력은 비약적으로 발전하였다.

☐ ☐ by letter

편지로

➡ writing a letter

You should apply immediately, in person or by letter.

본인이 직접 또는 우편으로 즉시 신청해야 한다.

☐ ☐ by means of

~에 의하여; ~의 힘으로

➡ by way of; by dint of; by the help of; by virtue of

You can operate this car by means of this small device.

이 작은 장치로 이 차를 작동할 수가 있다.

171 by mistake

실수로, 잘못하여

➡ through error

I picked up the wrong book **by mistake**.

나는 실수로 다른 책을 집어들었다.

172 by name

~의 이름으로, 이름만으로, 지명하여

➡ designatedly

My teacher mentioned each boy and girl **by name**.

우리 선생님은 남자와 여자 아이의 이름을 각각 언급하셨다.

173 by nature

본래, 날 때부터, 천성적으로

➡ originally; innately

I am **by nature** reserved, a little dull perhaps.

나는 선천적으로 내성적이고, 약간 재미없는 사람이다.

174 by no means

결코 ~ 않다

➡ not at all; in no way

It is **by no means** satisfactory.

결코 만족스럽다고 할 수 없다.

175 by now

바로 지금, 지금쯤은 벌써

➡ just now

If she started at nine, she ought to be there **by now**.

그녀가 9시에 출발하였다면, 그녀는 지금쯤 거기에 있을 것이다.

176 by one's lonesome

혼자서

➡ alone

The child read a book all **by her lonesome** for four hours.

그 아이는 네 시간동안이나 혼자서 책을 읽었다.

177 by one's side

~의 곁에

➡ by the side of

Through thick and thin I'll stay **by your side**.

어려움이 있더라도 당신 곁에 있을 것입니다.

178 by rule

규정대로, 규칙대로

➡ according to rule

I want you to behave yourself like a gentleman **by rule**.

규칙에 따라 네가 신사답게 행동하기를 바란다.

179 by sight

얼굴만 알고 있는

➡ just knowing one's face only

He knows me just **by sight**.

그는 나를 얼굴만 알고 있다.

180 by stealth

살그머니, 몰래

➡ secretly; on the sly; on the quiet

He took her pencil **by stealth** in the classroom.

그는 교실에서 몰래 그녀의 연필을 가져갔다.

181 by the back door

비밀로, 몰래

➡ through the back door

They are collecting some extra money **by the back door**.

그들은 남 몰래 약간의 돈을 모으고 있다.

182 by the day

하루 단위로, 일급으로

➡ at so much a day

Our workers are all paid **by the day**.

우리 직공들은 전원 일급이다.

☐ by the grace of
☐

~의 힘으로

➡ by grace of

We got married with the blessings of our friends **by the grace of** God.

우리는 하나님의 은총으로 친구들의 축복을 받고 결혼하였다.

☐ by the name of
☐

~라고 불리우는

➡ called; of the name of

I am on good terms with a movie star **by the name of** Jackson.

나는 잭슨이라고 불리는 영화 배우와 친하다.

☐ by the numbers
☐

군대 구령에 맞추어; 보조를 맞추어; 규칙적으로, 기계적으로

➡ step for step; in step

I want you to go **by the numbers**.

너희들이 보조를 맞추어 가기를 바란다.

☐ by the pound
☐

1파운드에 얼마씩으로

➡ measured in unit such as pound

I sell meat in the market **by the pound**.

나는 시장에서 고기를 파운드 단위로 판다.

187 by the same token

같은 이유로; 게다가

➡ in the same way

By the same token, I expect you to return his favor somehow.

마찬가지로 나는 네가 그의 은혜에 어떻게든 보답하기를 바란다.

188 by the seat of one's pants

〈구어〉 경험에 의해, 육감으로, 임기응변으로, 즉흥적으로

➡ by intuition; extemporaneously

I think you passed that test **by the seat of your pants**.

너는 운좋게 시험을 통과한 것 같다.

189 by the skin of one's teeth

가까스로, 간신히

➡ just barely

I made the train just **by the skin of my teeth**.

나는 간신히 전철을 탔다.

190 by the time

~할 때까지, ~할 즈음

➡ until

I will finish this work **by the time** he returns.

그가 돌아올 때까지 나는 이 일을 마칠 것이다.

191 by turns

번갈아, 교대로

➡ in turn; in rotation; one after the other; alternately

We are supposed to drive the car by turns.

우리는 교대로 운전하기로 되어 있다.

192 by virtue of

~덕분에, ~에 의해

➡ because of; owing to; by means of; in virtue of

You are sure to succeed in your business by virtue of your efforts.

너의 노력으로 너는 사업에서 반드시 성공할 거야.

193 by way of

~를 경유해서; ~위해서

➡ via; in behalf of; passing through

We went from Seoul to LA by way of Japan.

우리는 서울에서 출발하여 일본을 경유해 LA로 갔다.

194 by way of

~으로서, ~을 하기 위하여

➡ as a sort of

I think you must say a few words to her by way of apology.

당신은 사과하는 의미로 그녀에게 몇 마디 해야 한다.

by way of caution

경고로

→ as a warning; for caution's sake

I told you several times **by way of caution**.

나는 경고로 몇 번 너에게 말했다.

by word of mouth

구두로, 말로

→ orally; by speech; informed by speaking

The new message reached him **by word of mouth**.

그 새로운 소식이 그에게 구두로 전해졌다.

For

전치사 for는 교환 및 대체의 의미가 기본적인 개념이다. I am crying for water.라고 하면 물을 위하여 우는 것이다. 우리말의 '위하여' 라는 의미가 이 전치사의 의미로 주로 사용된다.

□ for a change
□

기분 전환으로, 여느때와 달리

➡ for a diversion

Shall we go for a drive for a change?
기분 전환으로 드라이브나 할까요?

□ for a minute
□

잠시 동안

➡ for an instant

Set your work aside for a minute and relax.
일을 잠시 멈추고 휴식을 취해라.

□ for a moment
□

잠시 동안

➡ for a while

We looked at each other for a moment.
우리는 잠시 서로를 바라보았다.

□ for a rainy day
□

만일의 경우를 대비해서

➡ against a rainy day

You must save some money for a rainy day.
너는 만약을 대비해서 약간의 저축을 해야 한다.

for a song

낮은 가격에, 싸게

➡ at a low price; cheaply

I bought the car **for a song**.

나는 그 차를 싸게 구입했다.

for a time

한때, 임시로

➡ for a moment; temporarily; for some time

She was **for a time** a student of old Korean classics.

그녀는 한때 한국 고전 연구가였다.

for a while

잠시 동안

➡ for a time; for a moment

He is tired and wanted to lie down **for a while**.

그는 피곤해서 잠시 눕기를 원했다.

for ages

오랫동안

➡ in a long time; for an age

We haven't done this **for ages**.

우리는 오랫동안 이 일을 하지 않았다.

for all I know

내가 아는 바로; 아마 ~일지 모른다

⇒ as far as I know; for all I can see

For all I know, she's probably studying in the library.

내가 알기로는, 그녀는 아마 도서관에서 공부하고 있을 거야.

for better or for worse

좋든 나쁘든, 좋건 싫건, 어찌됐건

⇒ for good or ill; right or wrong

For better or for worse, you have to go there right now.

좋든 나쁘든 너는 지금 그곳에 가야 한다.

for certain

확실히

⇒ for sure; surely; certainly; positivey; no doubt

I will help you out later **for certain**.

다음에는 확실히 널 도와줄게.

for dear life

열심히, 필사적으로

⇒ desperately

I've worked for this company **for dear life**.

나는 죽을 힘을 다하여 이 회사를 위해 일을 해 오고 있다.

for fear of

~을 두려워하여

➡ for dread of; so that ~ not

He left twenty minutes early **for fear of** missing the bus.

그는 버스를 놓칠까봐 20분이나 빨리 나갔다.

for free

무료로

➡ for nothing; free of charge

The new software can be downloaded and used **for free**.

새로운 소프트웨어를 무료로 다운로드받아 사용할 수 있다.

for fun

장난으로, 재미 삼아

➡ in fun; in jest; for a joke; teasingly

Even if it was only meant **for fun**, that's awful.

장난이라고 해도 그것은 좀 심했다.

for good

영원히

➡ forever; perpetually

The actress said goodbye **for good**.

그 여배우는 영원히 작별인사를 하였다.

213 for good and all

영원히, 이것을 마지막으로

➡ permanently

My teacher is leaving the school **for good and all**.

우리 선생님은 영원히 학교를 떠나신다.

214 for good or ill

좋든 나쁘든

➡ through foul and fair; right or wrong

I am going to accept my destiny **for good or ill**.

좋든 나쁘든 나는 내 운명을 받아들일 것이다.

215 for joy

기뻐서

➡ with joy

She jumped **for joy** to hear the good news.

그녀는 그 좋은 소식을 듣고 기뻐서 깡충깡충 뛰었다.

216 for keeps

진지하게; 〈구어〉 언제까지나

➡ forever; eternally; permanently; perpetually; for good

I'll remember her singing beautifully **for keeps**.

나는 그녀가 아름답게 노래했던 것을 영원히 기억할 것이다.

for lack of

~이 부족하기 때문에

➡ by lack of; for want of

You can not put that in here for lack of space.

장소가 부족하기 때문에 그것을 여기에 놓을 수가 없습니다.

for love or money

무엇을 준다 해도

➡ for anything; for any price

I would not want to do his job for love or money.

나는 무엇을 준다 해도 그의 일은 하고 싶지 않다.

for no good reason

별 이유 없이

➡ without any reason

You humiliated me for no good reason.

너는 별 이유 없이 나에게 모욕감을 주었다.

for nothing

헛되이; 공짜로

➡ in vain; gratis; free of charge

You can get the picture for nothing from me.

당신은 그 그림을 나한테서 공짜로 얻을 수 있습니다.

for now

지금, 당장, 일단은

➡ right straight

I will take just one **for now**.

지금 바로 하나를 택할 것이다.

for old time's sake

옛 정을 생각하여

➡ for old times

Let's take a look at these pictures **for old time's sake**.

추억을 되살리면서 이 사진들을 보자.

for one thing

우선, 첫째로, 하나는

➡ first; firstly

For one thing, my boss speaks in a soft tone.

우선 나의 상사는 부드럽게 말한다.

for one's age

나이에 비해서

➡ considering one's age

They told me that I looked young **for my age**.

그들은 내가 나이에 비해서 젊어 보인다고 말했다.

225 for one's life

필사적으로

➡ desperately; for dear life

The miners came out of the tunnel **for their lives.**

광부들은 죽을 힘을 다해 그 터널을 빠져나왔다.

226 for one's part

~로서는

➡ as for one

For my part, I take that for granted.

나로서는 그것을 당연하다고 생각한다.

227 for one's sake

~을 위하여

➡ for the sake of; for the benefit of; in the interest of; in favor of

For your sake I will go anywhere with you.

당신을 위해서는 함께 어디라도 갈 수 있습니다.

228 for peanuts

적은 액수를 받고, 푼돈으로

➡ cheap; at a low price

I think you can buy it **for peanuts** in that flea market.

그건 그 벼룩시장에서 푼돈으로 살 수 있을 것 같다.

229 for real

진짜인; 실제로, 정말로

➡ genuine; authentic; serious and not joking

Are these earrings made of pearls **for real**?

이 진주 귀고리는 진짜예요?

230 for short

줄여서, 생략하여

➡ by way of abbreviation

Do you know that The United States of America is called the U.S. **for short**?

The United States of America를 줄여서 the U.S.라고 부른다는 것을 아니?

231 for someone's good

~를 위하여

➡ for the good of; for the sake of

I'll quit drinking **for your good**.

당신을 위해 내가 술을 끊을게.

232 for starters

우선, 처음에

➡ to start with; in the beginning

Please stay in my office **for starters**.

우선 내 사무실에 있어라.

233 for that reason

그 이유로, 그 때문에

➡ on that account, therefore, so

For that reason they have taken great interest in his work.

그 이유로 그들은 그의 작업에 대단한 관심을 보였다.

234 for the asking

요구만 하면, 무료로

➡ for nothing; by asking for it

You may have it **for the asking**.

필요하시면 가져 가셔도 좋습니다.

235 for the benefit of

~을 위하여

➡ for the good of

It is certain that you must do your best **for the benefit of** yourself.

네가 자신을 위하여 최선을 다해야 한다는 것은 확실하다.

236 for the birds

〈구어〉 별 볼일 없는, 시시한, 하찮은, 아주 좋지 않은

➡ unimportant; worthless; of no value

His lectures were **for the birds**.

그의 강의는 지루하였다.

237 for the good of

~을 위하여

➡ for the benefit of; in the interests of

Everything possible should be done **for the good of** my employees,

직원들을 위해서라면 온갖 수단을 다 동원해야 한다.

238 for the present

당분간, 지금으로서는, 현재로서는

➡ for the time being

You ought to stay at this hotel **for the present**.

당분간 이 호텔에 묵으셔야 합니다.

239 for the purpose of

~의 목적으로

➡ with the object of; with a view to

You have to study English very hard **for the purpose of** studying abroad.

해외에서 공부하려면 영어를 열심히 해야 한다.

240 for the record

공식적으로, 확실히 말해서; 기록을 위해서

➡ officially; formally; speaking publicly

For the record, he is a writer.

공식적으로 그는 작가이다.

241 for the rest

그 밖의 것은; 나머지는

➡ for the remainder; in the other respects; apart from that

For the rest, I cannot explain it more clearly.

그 나머지에 관해서는 뭐라 더 분명히 말을 할 수가 없군요.

242 for the sake of

~을 위하여

➡ in the interests of

It's a tragedy that you live only **for the sake of money**.

네가 돈만을 위해서 사는 것은 비극이다.

243 for the time being

당분간

➡ for a while; for the present

I decided not to go there **for the time being**.

당분간은 그곳에 가지 않기로 결정하였다.

244 for the weekend

주말에

➡ over the weekend

Let's go away somewhere **for the weekend**.

주말에 어디론가 여행을 떠나자.

245 for the world

〈부정문에서〉 결코, 절대로

➡ for all the world; over one's dead body

I wouldn't go there with her **for the world**.
나는 결코 그녀와 그곳에 가지 않겠다.

246 for this once

이번만은

➡ just for once; for this time

My teacher overlooked my error **for this once**.
선생님은 이번만은 나의 잘못을 눈감아주셨다.

247 for this time of year

일년 중 이맘때

➡ at this time of year

That's common **for this time of year**.
일년 중 이맘때에는 흔한 일이다.

248 for want of

～의 부족 때문에

➡ for lack of; from want of

For want of sleep I can't concentrate my attention on that lecture.
나는 잠이 부족해서 그 강의에 집중할 수가 없다.

249
for years

수년 동안

→ in years; over the years

That murder case has never been off her mind **for years**.

그 살인 사건은 수년 동안 그녀의 생각에서 떠나지 않았다.

In

전치사 in은 at이나 on과는 달리, 3차원의 공간 개념이다. 시간적
으로도 계절의 공간 구분을 위하여 in March라고 하는 것이다.
그리고 넓은 공간은 in Seoul처럼 사용한다. 그러나 우주에서 쳐
다보는 것처럼 서울을 아주 작은 점으로 묘사하는 경우에는 at
Seoul이라고도 할 수 있다.

250 ☐☐ in a pique

횟김에

➡ out of pique; in a fit of anger; in the heat of passion

He set fire to their houses in a pique.
그는 홧김에 그들의 집에 불을 질렀다.

251 ☐☐ in a bad mood

우울한, 슬픈

➡ in a bad humor; out of sorts; in no mood

My boss is in a bad mood today.
우리 상사는 오늘 기분이 안 좋아.

252 ☐☐ in a bad way

상태가 좋지 않은; 매우 곤란한

➡ in serious trouble

The doctor told me that my mother was in a bad way.
의사는 어머니의 상태가 좋지 않다고 나에게 말했다.

253 ☐☐ in a bid to do

~할 목적으로

➡ with a view to; for the purpose of

I have bought land in a bid to build a house.
집을 짓기 위해 땅을 샀다.

254

in a big way

〈구어〉 열광적으로, 너무 격식을 차려 거창하게

➡ enthusiastically; with much ceremony

You don't need to say in a big way.

너무 격식을 차려 말할 필요는 없어요.

255

in a bind

곤경에 처한

➡ in trouble; in the soup; in a pickle

I am really in a bind. I flunked math.

나 큰일났어. 수학이 낙제야.

256

in a blaze

확 타올라서, 불처럼 타올라, 활활 타서

➡ flaring up; with a burst

In a blaze of anger, my teacher yelled at us in the classroom.

버럭 화를 내며 선생님은 우리에게 소리를 질렀다.

257

in a body

모두 하나가 되어

➡ all together; as a whole

Let's iron out the wrinkles in a body.

모두 똘똘 뭉쳐 문제를 해결하자.

in a breath

단숨에

➡ in one breath

Suddenly she dashed down to the cellar **in a breath**.

갑자기 그녀는 단숨에 지하로 달려 내려갔다.

in a breeze

〈구어〉 쉽게

➡ easily

You will pass the exam **in a breeze**.

너는 쉽게 시험에 합격할 것이다.

in a circle

원형으로 앉아서, 순환 논법으로

➡ circularly; circlewise

They stood **in a circle** with the campfire in the center.

그들은 캠프파이어를 가운데에 두고 동그랗게 둘러섰다.

in a class by oneself

견줄 사람이 없는, 독보적인, 하나밖에 없는, 따라갈 사람이 없는

➡ incomparable; in a class apart

As a violinist, she is **in a class by herself**.

바이올린 연주자로서 그녀를 따라갈 사람이 없다.

in a class of one's own

비길 데 없는, 뛰어난

➡ in a class apart

As a student, you are in a class of your own.

학생으로서, 너는 뛰어나다.

in a coma

혼수 상태에 빠져서

➡ becoming unconscious

The patient was in a coma for at least ten hours.

그 환자는 적어도 10시간 동안 혼수 상태에 빠져 있었다.

in a crack

순식간에, 곧

➡ in a moment; in a trice; in an instant

I'll be with you in a crack.

당장 너한테 갈게.

in a degree

어느 정도, 조금은

➡ in a measure

Did you notice he was upset in a degree?

그가 약간 화가 난 것 알았어?

in a family way

〈구어〉 임신하여

⇒ being pregnant; having a baby soon

She seems to be **in a family way** right now.

그녀는 지금 임신한 것 같다.

in a fit of anger

홧김에, 벌컥 화가 나서

⇒ in the heat of passion

He threw his cellular phone out of the window **in a fit of anger**.

그는 홧김에 창문 밖으로 그의 핸드폰을 던져버렸다.

in a flash

곧, 금방

⇒ very suddenly; immediately

She will be back **in a flash**.

그녀는 금방 돌아올 것이다.

in a fog

헤매는, 당혹하여, 어찌할 바를 몰라, 오리무중에

⇒ at a loss; mentally confused

He's always **in a fog** whenever he operates the machines in the factory.

그는 공장의 기계를 조작할 때마다 늘 헤맨다.

in a fright

두려워하여, 소스라쳐, 가슴이 털썩 내려앉아

➡ in alarm; in fear

Your mother seemed to be in a great fright.

당신의 어머니는 매우 놀란 모습이었습니다.

in a good humor

기분이 좋아서

➡ in a good temper

I was in a good humor at the party last night.

나는 어젯밤에 파티에서 기분이 좋았다.

in a good mood

기분이 좋은

➡ in a happy mood

He seems to be in a good mood today.

그가 오늘은 기분이 좋아 보인다.

in a great measure

상당히, 대부분

➡ in a large measure

What she said, in a great measure, is a white lie.

그녀가 말한 것은 대부분이 선의의 거짓말이다.

in a great quandary

딜레마에 빠진, 진퇴양난에 빠진

➡ at a loss what to do

The young widow is **in a great quandary** over her children.

그 젊은 미망인은 그녀의 아이들을 어찌해야 할지 몰랐다.

in a group

한 무리가 되어

➡ in crowds

Let's leave social gatherings **in a group**.

단체로 이 모임을 탈퇴하자.

in a haze

혼동되어, 몽롱하여, 오리무중으로

➡ confused; in a fog

My wife is **in a haze** whenever she drives.

아내는 운전할 때마다 어찌할 바를 모른다.

in a huff

화가 나서

➡ in anger

She left **in a huff** to hear what I said.

그녀는 내가 말한 것을 듣고서 화가 나서 떠나갔다.

in a hurry

서둘러서, 급히

➡ in haste

I finished my homework in a hurry.

나는 서둘러서 숙제를 끝냈다.

in a jam

역경에 처한, 어려움에 봉착한

➡ in a difficult situation; in a difficult position

He is really in a jam right now.

그는 지금 정말로 어려운 처지에 있다.

in a jiffy

〈구어〉 곧

➡ in no time flat

I will get the job done in a jiffy.

내가 일을 재빨리 해치울 것이다.

in a lather

들떠 있는, 흥분해 있는, 땀에 흠뻑 젖어서

➡ in great excitement; much excited

Korea was in a lather before the IMF era hit.

한국은 IMF라는 금융 위기가 닥치기 전에 흥청망청했다.

in a little while

곧, 얼마 안 있어

→ in a while; soon

Your mother will be back in a little while.
엄마가 곧 오실 거야.

in a loud voice

큰 소리로

→ loudly

You should not speak in here in a loud voice.
여기서는 큰 소리로 말해서는 안 된다.

in a mess

혼란에 빠져, 곤란에 빠져서, 당황하여, 엉망진창이 되어

→ in confusion

Her room was in a mess when I went in.
내가 들어갔을 때 그녀의 방은 엉망으로 어질러져 있었다.

in a million

극히 드문, 최고의

→ extremely rare

It's one chance in a million.
절호의 기회다.

in a moment

순식간에; 곧

➡ in an instant; instantly; at once

They were washed away by the flood **in a moment**.

그들은 홍수로 순식간에 떠내려갔다.

in a nutshell

요약하여, 간단히 말하자면

➡ briefly; in a few words; in a word

In a nutshell, we will have to restructure the company.

간단히 말해서, 우리는 회사를 구조 조정해야 할 것이다.

in a pair

2개가 한 쌍이 되어

➡ in pairs

I want you to play the game **in a pair**.

너희들이 두 사람씩 짝을 지어 게임하길 바란다.

in a roar

떠들썩하게

➡ noisily; boisterously; clamorously

They are still **in a roar** in the playground.

그들은 아직도 운동장에서 시끌벅적했다.

in a roundabout way

완곡히, 간접적인

➡ indirectly; at second hand

The professor referred to it **in a roundabout way**.

그 교수는 완곡하게 그 일에 관해 언급했다.

in a rut

판에 박혀 재미없는

➡ in a boring routine

I've been **in** such **a rut** I've decided to resign from my job.

나는 판에 박힌 일상이 재미없어서 회사를 사직하기로 결정했다.

in a sense

어떤 의미로는, 어느 정도

➡ in some respects

In a sense, what they said is perfectly right.

어떤 의미에서는, 그들이 말한 것이 전적으로 옳다.

in a spot

〈구어〉 매우 곤란하여

➡ in trouble; in a fix

She is **in a** bit of a **spot**, and you have to help her.

그녀가 약간의 어려움에 처해 있으니 네가 도와야 한다.

294 in a stew

초조해 하는, 안절부절못하는, 속이 타는

➡ fretful; angry

Don't be in a stew about your son.

아드님에 대해선 크게 걱정하지 마세요.

295 in a straight line

일직선으로

➡ in a beeline; straight; in an air line

It is 400 miles in a straight line from New York.

뉴욕에서 일직선으로 400마일이다.

296 in a tizzy

혼란한 상태에 있는

➡ confused or upset

Don't get in such a tizzy. I'll help you out.

그렇게 불안해하지 마. 내가 도와 줄게.

297 in a turmoil

혼란 상태인

➡ in turmoil

China has been in a turmoil for two years.

중국은 2년 동안 혼란에 빠져 있다.

in a twit

초조한 상태에 있는, 허둥대는

➡ fretful; irritated; anxious

She was all **in a twit** because she got lost in the town.

마을에서 길을 잃고 그녀는 당황하였다.

in a vicious circle

악순환에 빠진

➡ going round and round in a bad way

The relations between the two countries have been caught **in a vicious circle**.

두 나라의 관계가 악순환에 빠져 있다.

in a while

곧

➡ in a little while

I'll discuss them with you **in a while**.

잠시 후에 그것들에 대해 논의하도록 합시다.

in a whole skin

무사히

➡ safely; in safety; safe and sound

I think we can escape from the danger **in a whole skin**.

우리가 무사히 위험에서 벗어날 수 있다고 생각한다.

in a word

간단히 말하면, 한마디로

➡ in short; briefly

I will tell him the matter in a word.

한마디로 나는 그에게 그 문제를 말할 것이다.

in abundance

많이, 풍족하게

➡ in plenty; plentifully

She lived in abundance.

그녀는 풍족하게 살았다.

in accordance with

~에 따라서; ~과 일치하여

➡ according to; in accord with

Everything came off okay in accordance with his wish.

그의 바람대로 모든 것이 잘 되었다.

in acknowledgment of

~을 승인하여, ~의 감사의 답례로, 답장으로

➡ in return for; in recognition of

I am going to write to him in acknowledgment of his kindness.

나는 그에게 친절에 대한 감사 편지를 쓸까 한다.

306 in actuality

실제로, 현실적으로

➡ actually

The beautiful moon is, **in actuality**, a barren desert.

아름다운 달이 실제로는 삭막한 사막이다.

307 in advance

미리

➡ in front; beforehand

You must sign up at least two days **in advance** to book library time.

적어도 이틀 전에는 도서관 이용을 예약해야 한다.

308 in advance of

~에 앞서서, 보다 나아가서

➡ ahead of

Your new invention is **in advance of** the times.

당신의 발명품은 시대를 앞선 것이다.

309 in alarm

놀라서, 걱정하여

➡ with alarm

Her baby cried out **in alarm**.

그녀의 아기는 놀라서 크게 울었다.

in all

전부

⇒ all; wholly; entirely; in full

We have five departments in the company **in all**.

우리는 회사에 모두 해서 5개 부서가 있다.

in all appearance

어디로 보나

⇒ to all appearance

The farmer was like a beggar **in all appearance**.

그 농부는 어디로 보나 거지같았다.

in all directions

사방팔방으로

⇒ in every direction; on all sides

The students scattered **in all directions** after school.

방과 후 학생들은 사방팔방으로 흩어졌다.

in all likelihood

아마

⇒ likely; perhaps; probably; in all probability

In all likehood, you will have to overlook his fault this time.

아마 당신은 이번에는 그의 잘못을 용서해야 할 것입니다.

☐
☐
in all probability

십중팔구, 아마도

➡ likely; in nine cases out of ten

In all probability, she is not at home now.
아마 그녀는 지금 집에 없을 것이다.

☐
☐
in all respects

모든 면에서, 모든 점에서

➡ in all aspects

We respected our teacher **in all respects**.
우리는 우리 선생님을 모든 면에서 존경하였다.

☐
☐
in all senses

모든 점에서

➡ in all respects

I think my success is owing to you **in all senses**.
내 성공은 모두 네 덕이라고 생각해.

☐
☐
in amazement

놀라서

➡ in speechless wonder; in surprise

I gasped **in amazement** to look at the scene.
나는 그 장면을 보고 놀라서 숨이 막혔다.

in amount

총계; 요컨대

➡ in all; all told

You should pay more than 1,000 dollars **in amount**.

총 1,000달러 이상을 지불해야만 합니다.

in an effort to

~하려고, ~할 노력으로

➡ in order to

In an effort to bring the conference here, we have worked together over the past two years.

이곳에 회의를 유치하기 위해 우리는 지난 2년 동안 협력해 왔다.

in an emergency

비상시에; 만일의 경우에

➡ in case of need; in case of emergency

In an emergency you won't have time to consult this manual.

비상시에는 이 매뉴얼을 볼 시간이 없을 거예요.

in an instant

순식간에, 금방

➡ in a flash; in a moment; at once

He must be back here **in an instant**.

그는 곧 이곳으로 돌아올 것이다.

322 in and out

들락날락; 꾸불꾸불; 속속들이

➡ coming in and going out; going in and out incessantly

I think I know your teacher **in and out**.

나는 너의 선생님에 대해서 속속들이 잘 알고 있어.

323 in anticipation

미리

➡ beforehand; in advance

You ought to have told me **in anticipation**.

나한테 미리 얘기를 했어야지.

324 in any case

여하튼

➡ anyway; in any event

In any case, you have to leave early, whether you like it or not.

여하튼 좋든 싫든 간에 빨리 출발해야 합니다.

325 in any event

어쨌든; 아무튼

➡ at all event

In any event he'll try to see you tonight.

어쨌든 그는 오늘밤 당신을 만나려고 할 거예요.

in appearance

외견상

➡ on the surface

She takes after her mother in appearance.

그녀는 어머니와 닮았다.

in apple-pie order

질서 정연하게

➡ in good order; systematically

I think everything is in apple-pie order.

모든 것이 잘 정리되어 있다고 생각한다.

in arrears with

지불이 지체되어

➡ behind in payment

She is in arrears with many credit card companies.

그녀는 여러 카드가 연체중이다.

in astonishment

깜짝 놀라서

➡ with astonishment; in surprise

The teacher stared at him in astonishment.

그 선생님은 놀라서 그를 쳐다보았다.

330 in bad shape

건강 상태가 좋지 않은

➡ unhealthy

The illness left his mother **in** rather **bad shape**.

병으로 그의 어머니는 건강이 좋지 않다.

331 in battle array

전투 대형으로

➡ under arms

We are on the march **in battle array**.

우리는 전투 대형을 이루어 행진하고 있다.

332 in one's behalf

~를 위하여; ~대신에

➡ for the sake of

Thank you very much for all the trouble you have taken **in my wife's behalf**.

저희 집사람을 위해 애써 주셔서 감사합니다.

333 in between

~의 중간에; 틈틈이, 짬짬이

➡ at intervals

There is a small parking lot **in between** two houses.

두 집 사이에 작은 주차장이 있다.

334 in black and white

➡ official in writing

Could you put this contract in black and white?

이 계약을 공식적인 문서로 작성해 주시겠습니까?

335 in bloom

➡ in blossom; in flower

Flowers are in bloom outside the building.

빌딩 밖에 꽃들이 활짝 피어 있다.

336 in blossom

➡ in flower; in bloom

The cherry tree is in blossom now.

체리 나무는 지금 꽃이 피어 있다.

337 in body and mind

➡ body and soul; wholly

I will make every effort to be sound in body and mind.

나는 심신을 모두 건강하게 유지하기 위해 노력할 것이다.

in bond

보세창고에 보관중인

➡ kept in a bonded warehouse

These kinds of contraband goods have to be **in bond** for the time being.

이런 종류의 밀수품들은 당분간 보세창고에 보관해야 한다.

in brief

간단히 말해서

➡ to be brief; in short

In brief, you must do something good.

간단히 말해서, 착한 일을 해야 한다.

in broad day

대낮에, 백주에 공공연하게

➡ in broad daylight

They are selling liquor on the street **in broad day**.

그들은 대낮에 거리에서 술을 팔고 있다.

in broad daylight

대낮에

➡ in broad day

A thief broke into my house **in broad daylight**.

대낮에 우리 집에 도둑이 들었다.

in bulk

대량으로

➡ in quantity; in large quantities; in volume

They are planning to buy these kinds of goods **in bulk**.

그들은 이러한 상품을 대량 구입할 계획이다.

in camera

판사의 사실에서; 비밀리에

➡ secretly

The trial was held **in camera** yesterday.

재판은 어제 비공개로 진행되었다.

in case of

~이 발생할 경우에

➡ in the event of

In case of trouble, please call my number any-time.

문제가 있으면, 언제든지 전화해.

in case of emergency

비상시에, 긴급한 경우에

➡ in the event of a sudden; unexpected happening

Please use this fire escape **in case of emer-gency**.

긴급한 경우 이 비상구를 이용해 주세요.

in case of need

어려울 때에

➡ in time of need

I am grateful to you because you helped me **in my case of need**.

어려울 때 도와 주셔서 감사합니다.

in case of rain

비가 내릴 경우

➡ if it rains

In case of rain, the game will be called off.

비가 내릴 경우, 경기는 중지될 것이다.

in celebration of

~을 축하하여

➡ in honor of; congratulating

I am giving out gifts to customers **in celebration of** the opening of my shop.

나는 개점 축하 선물로 고객들에게 기념품을 나누어 주고 있다.

in character

그 사람다운, 딱 맞는, 적격인

➡ in agreement; suitable

For her to make a noise in the classroom is not at all **in character**.

그녀가 교실에서 시끄럽게 하는 것은 전혀 그녀답지 않다.

in charge of

~을 맡아서; 담당의

➡ responsible for; in assumption of; having the care of

Mr. Lee is **in charge of** our class this year.

이 선생님이 올해 우리 반의 담임이시다.

in check

억제하고, 통제나 관리 하에

➡ under control; holding back

I think you don't have to keep him **in check**.

네가 그를 붙잡고 있을 필요가 없다고 생각한다.

in chorus

합창으로; 일제히

➡ in unison; unanimously

We sang a song **in chorus**.

우리는 합창했다.

in circulation

유포되고, 퍼지고

➡ current; prevalent; getting abroad; going around

There's a terrible rumor **in circulation** in this town.

이 마을에는 무서운 소문이 돌고 있다.

☐☐ in close proximity to

~에 아주 근접하여

➡ being very close to

The building was built in close proximity to his house.

그 빌딩은 그의 집 가까운 곳에 지어졌다.

☐☐ in clover

유복하게, 호사스럽게

➡ comfortably; living in comfort

The actress is living in clover in Hawaii.

그 여배우는 하와이 섬에서 호화롭게 살고 있다.

☐☐ in cold blood

냉혹하게, 예사로

➡ cruelly; heartlessly; in a cruel way; coolly

I turned my back on him in cold blood.

나는 냉정하게 그에게서 등을 돌렸다.

☐☐ in color

(텔레비전 등이) 컬러로

➡ in all its colours

The scene was televised in color by satellite.

그 장면은 인공위성에 의해 컬러 텔레비전으로 방송되었다.

in comfort

안락하게

➡ comfortably

We are living in great comfort in Seoul.

우리는 서울에서 아주 편안하게 살고 있다.

in commemoration of

기념하여

➡ in memory of

The stamp I have here is the one issued in commemoration of the end of the war.

내가 가지고 있는 이 우표는 종전을 기념하여 발행된 것이다.

in common

공통으로, 공동으로

➡ in conjunction; shared

We two have a lot in common in our hobbies.

우리 둘은 취미에서 공통점이 많다.

in common with

~와 같게, 공통으로

➡ like

In common with most girls, she likes this kind of bag.

대부분의 여자들처럼, 그녀는 이런 가방을 좋아한다.

362 in company with

~와 함께

➡ in the company of; together with

I will go there **in company with** my uncle.
나는 삼촌과 그곳에 갈 것이다.

363 in comparison with

~과 비교하여

➡ compared with; in contrast with

This cake is sweet **in comparison with** that.
이 케이크는 저것에 비해 달다.

364 in compensation for

~의 보상으로

➡ in recompense for

The insurance company paid him $100,000 **in compensation** for his accident.
보험회사는 사고에 대한 보상으로 그에게 십만 달러를 지불하였다.

365 in condition

건강하여; 좋은 상태에

➡ in good health

Work out regularly, and you will be back **in condition** in no time.
규칙적으로 운동을 하면 곧 건강이 좋아질 것이다.

in confidence

비밀로

➡ secretly; in secret; on the quiet; on the sly

She told me that secret in confidence.

그녀는 그 비밀을 살짝 나에게 말해 주었다.

in conformity with

~에 따라서

➡ in accordance with

In conformity with the rule, the meeting was adjourned.

규정에 따라 회의가 휴회되었다.

in conjunction with

~과 협력하여; ~과 함께; ~에 관련하여

➡ in cooperation with

The games were held **in conjunction with** festivals involving a combination of prayer and religious activities.

경기는 기도와 종교적 활동이 가미된 축제와 결합하여 열렸다.

in connection with

~에 관련하여

➡ in relation to; in conjunction with

They plan to sue him **in connection with** the killings which date back to 1990.

그들은 1990년부터 저지른 살인과 관련하여 그를 고소할 예정이다.

370

□
□ **in consequence**

결과로서

➡ consequently, accordingly, therefore; as a result

This product is of fine quality, and **in consequence** the price is high.

이 상품은 품질이 좋다. 그래서 가격이 비싸다.

371

□
□ **in consequence of**

~때문에, ~결과로서(of)

➡ as a result of

In Mid-Wales six inches of snow blocked roads **in consequence of** the heavy snowfall.

웨일즈 중부에, 폭설로 인해 6인치의 눈이 도로들을 막았다.

372

□
□ **in consideration of**

~때문에, ~의 보수로서, ~을 고려하여

➡ because of; in return for; taking into account

In consideration of all their help, I would like to take them to dinner.

그들이 도와준 것을 생각해서, 그들을 저녁식사에 초대했으면 한다.

373

□
□ **in consternation**

깜짝 놀라서, 질겁하여

➡ with consternation; in amazement

She cried out **in consternation** to see it.

그녀는 그걸 보고 질겁해서 소리를 질렀다.

in contrast to

~과 대조를 이루어, 현저히 다르게

➡ in contrast with

In contrast to your car, mine looks very small.

당신의 차와 대조적으로, 내 차는 매우 작아 보인다.

in contrast with

~과 대조를 이루어

➡ in contrast to

In contrast with similar services in Japan, your delivery is very slow.

일본의 비슷한 서비스와 대조하면, 배달이 매우 늦군요.

in course of

~중에

➡ during; in process of

The building is now **in course of** construction.

그 건물은 지금 짓고 있는 중이다.

in deep water

사정이 곤란한, 곤경에 처한

➡ on the hook; in trouble

I would help you out if you were really **in deep water**.

네가 정말로 곤란하다면 내가 도와줄게.

in default of

~이 없는 경우에는, ~이 없기 때문에

➡ for lack of; for want of; if ~ not; without

In default of our own suitcase, we have to borrow one.

여행 가방이 없어서 하나 빌려야 한다.

in deference to

~을 존중하여, ~을 좇아

➡ thinking highly of

In deference to his age, I didn't argue with the old man on the street.

그의 나이를 생각해서, 나는 길거리에서 그 노인과 논쟁을 하지 않았다.

in defiance of

~에 도전하여, ~에도 불구하고, ~을 무시하고

➡ without regard to; without respect of

He went there **in defiance of** my warning.

내 경고에도 불구하고, 그는 그곳에 갔다.

in depth

깊이, 철저히

➡ deeply

I will go into this issue **in depth**.

나는 이 문제를 깊이 검토할 것이다.

in despair

절망하여, 자포자기하여

➡ hopelessly, despairingly

You appear to be **in despair** these days.

요즘 너는 자포자기한 것처럼 보인다.

in desperation

자포자기하여

➡ in despair; hopelessly

The alligator is dragging his tail **in desperation**.

그 악어는 포기하고 자신의 꼬리를 끌고 가고 있다.

in detail

상세히

➡ at length; minutely

I am going to explain that point to you **in detail**.

나는 그 점을 너희들에게 자세히 설명하려고 해.

in difficult circumstances

곤란에 처한

➡ in hot water; in trouble

He is really **in difficult circumstances** by being constantly tardy.

그는 늘 지각하더니 정말 곤경에 처했다.

386
in dire straits

곤경에 빠져

➡ experiencing difficulties; in stuck

His company is **in dire straits** these days.

그의 회사는 요즈음 어려운 상황에 있다.

387
in disarray

혼란 상태에 있는, 어질러져 있는

➡ in disorder; in a very untidy state

The country was **in disarray** at that time.

그 나라는 그 때 혼란 상태에 있었다.

388
in disbelief

믿을 수 없는

➡ unbelievable; incredible

She looked at him **in disbelief**.

그녀는 못 믿겠다는 듯 그를 쳐다보았다.

389
in dismay

망연자실하여, 두려워하며

➡ with dismay

Taken unawares, we fled **in dismay**.

불의의 기습을 받아서, 우리는 당황하여 도망갔다.

in disorder

혼란 상태에 있는, 어질러져 있는

➡ in disarray

Her living room was **in disorder**.

그녀의 거실은 어질러져 있었다.

in dispute

논쟁 중의, 미해결의

➡ under dispute; at issue

They are **in dispute** with their employers about pay.

그들은 임금에 관해 고용주들과 논쟁 중이다.

in disregard of

~을 무시하여

➡ despite; notwithstanding; without regard for

Don't behave badly **in disregard of** etiquette.

예의를 무시하고 나쁘게 행동하지 마세요.

in doubt

불안하여, 의심하여, 불확실하여

➡ doubtful

He thinks the overall situation is no longer **in doubt**.

그는 대세는 이미 결정되었다고 생각한다.

394
in dribs and drabs

찔끔찔끔, 조금씩

➡ by dribs and drabs; bit by bit; by bits

They came **in dribs and drabs** rather than arriving all together.

그들은 한꺼번에 도착하지 않고 한두 명씩 왔다.

395
in due course

이윽고, 적당한 때에, 머지않아

➡ in due time; in time

The principal will consider your document **in due course**.

교장선생님은 적당한 시기에 당신의 서류를 검토할 것입니다.

396
in due time

때가 되면, 이윽고

➡ after a while; before long; soon after

I think you'll be rewarded for your hard work **in due time**.

당신은 때가 되면 열심히 일한 것에 대한 보상을 받을 것입니다.

397
in dutch

〈구어〉 난처하게 되어(with), 미움을 사, 언짢게 하여

➡ in a dilemma; at a loss what to do

His arrogant sister is **in dutch** again.

그의 거만한 누나는 또 다시 미움을 사게 되었다.

in earnest

진지하게, 진심으로; 본격적으로

➡ seriously; sincerely; in a determined way; earnestly

I think she is in earnest in saying so.

그녀가 그렇게 말하는 것은 진심이라고 생각한다.

in effect

유효한; 효력이 있는

➡ effective; having a legal force

The agreement is already in effect.

이 계약은 이미 유효하다.

in effect

사실상

➡ in fact; really; as a matter of fact

He was, in effect, a great patriot.

그는 사실상 위대한 애국자였다.

in essence

근본적으로는, 본질적으로는

➡ essentially

In essence, vines and grapes need water, heat and light.

본질적으로 포도나무와 포도주는 물, 열, 그리고 빛을 필요로 한다.

in evidence

두드러진, 뚜렷이

➡ clearly seen or noticed

I was very much **in evidence** at the meeting last night.

나는 어젯밤 미팅에서 매우 돋보였다.

in excess of

~을 초과하여; ~이상으로

➡ more than

I will send money **in excess of** $2,000 to you.

내가 2,000달러가 넘는 돈을 너에게 보낼 것이다.

in exchange for

~과 교환으로

➡ in return for

You should not solicit him for money **in exchange for** favors.

편의를 봐주고서 그에게 돈을 요구해서는 안 된다.

in fashion

유행하는, 현대식의

➡ in vogue

This car isn't **in fashion** any more.

이 자동차는 이제 유행이 끝났다.

406
in fault

잘못하여서

➡ making a mistake

Who is **in fault** at this time?

이번에는 누구 잘못인가요?

407
in favor of

~에 찬성하여, 지지하여

➡ for; in behalf of

I am **in favor of** your proposal right now.

당신의 제안에 찬성합니다.

408
in fear of

~을 무서워하여, ~을 걱정하여

➡ showing fear

My boss seems to stand **in fear of** dismissal.

나의 상사는 해고당할 것을 걱정하고 있는 것 같다.

409
in file

2열 종대로

➡ in double columns

I want you to stand **in file**.

2열 종대로 서시기 바랍니다.

410 in fits and starts

발작적으로, 불규칙적으로

➡ irregularly; by fits and starts; erratically

I would take out my photo album and look at pictures from my childhood **in fits and starts**.

나는 가끔 생각날 때마다 어릴 적 사진을 꺼내 보곤 한다.

411 in force

유효하여; 시행 중인

➡ in effect; effective; valid

This traffic regulation is **in force**.

이 교통 규칙은 시행 중이다.

412 in full

전액, 한푼도 빠짐없이, 완전히

➡ completely

You should pay back the loan **in full** this week.

이번 주에 당신은 빚 전액을 갚아야 합니다.

413 in full bloom

활짝 피어 있는; 만삭인

➡ in flower; in full blossom

The flowers in her garden are **in full bloom**.

그녀의 정원에 있는 꽃들이 활짝 피어 있다.

in full swing
100% 가동 중인, 성업 중인, 한창인; 신바람 나서

➡ in full activity; actively going on

The factory is in full swing now.

이제 공장은 풀가동 중이다.

in good hands
도움을 잘 받는, 안전한, 무사한; 훌륭한 지도 하에

➡ in safe hands; being taken care of safely

You'll be in good hands if you have a personal interview with him.

네가 그와 개인적인 면담을 하면 너는 많은 도움을 받을 수 있다.

in good health
건강하여

➡ healthy

You cannot hope for success in life unless you are in good health.

건강하지 않으면서 인생의 성공을 바랄 수는 없다.

in good repair
수리가 잘되어 있는, 손질이 잘되어 있는

➡ in excellent repair; in good condition

You truck is in good repair.

당신의 트럭은 정비가 잘되어 있다.

in good time

때마침; 정각에; 일찍

➡ just at the right time; at the right moment

Let's go to the airport **in good time** in case he arrives early.

그가 일찍 도착할지도 모르니 공항에 미리 가자.

in groups

떼를 지어, 삼삼오오

➡ by twos and threes; in groups of twos and threes

They moved **in groups**.

그들은 떼를 지어 움직였다.

in half

반으로

➡ into halves

Please cut this orange **in half**.

이 오렌지를 반으로 자르세요.

in hand

착수하여, 진행 중에, 수중에 있는

➡ being dealt with presently

Your remark does not bear on the matter **in hand**.

당신의 견해는 본 건과 관계가 없습니다.

422

in haste

서둘러, 급히

➡ hastily; in a hurry; hurriedly

In haste I collected those things.

급히 나는 그것들을 수집하였다.

423

in high places

높은 자리의, 유력자 중의

➡ in influential quarters

He will be able to help you because he is **in high places**.

그는 높은 자리에 있으므로 너를 도울 수 있을 거야.

424

in high snuff

의기양양하게

➡ exultantly; proudly; triumphantly

They marched **in high snuff** into the town.

그들은 시내까지 의기양양하게 행진했다.

425

in high spirits

마음이 들떠서, 신이 나서

➡ in great spirits; vigorously

I started my journey **in high spirits**.

나는 설레는 마음으로 여행을 떠났다.

426
in hock

〈구어〉 전당 잡혀; 빚을 져; 투옥되어

➡ in debt

He was deeply **in hock** at that time because he was out of work.

그는 그당시 실직 상태였기 때문에 빚이 매우 많았다.

427
in honor of

~을 축하하여, ~을 기념하여

➡ in celebration of

A farewell party will be held **in honor of** the old CEO tomorrow.

내일 전 사장을 위한 송별회가 열릴 것입니다.

428
in hopes of

~의 희망을 가지고, ~을 기대하여

➡ in the hope of

They gathered here **in hopes of** meeting a war hero.

그들은 전쟁 영웅을 만나기 위해 여기에 모였다.

429
in hot water

궁지에 처한, 혼나는, 처벌을 받는

➡ in big trouble

Were you **in hot water** with your teacher for being tardy?

지각을 해서 선생님께 혼났니?

in installments

할부로, 분납으로, 몇 번으로 나누어

➡ by installments

The car was paid for in installments.

자동차 대금은 할부로 지불되었다.

in jest

장난으로, 농담으로

➡ for a joke; in joke

He spoke half in jest about the phone.

그는 그 전화에 대해서 농담반 진담반으로 말했다.

in keeping with

~과 조화하여, 일치하여

➡ in harmony with; agreeing with; in agreement with

I think your actions are not in keeping with your words.

당신의 행동은 말과 일치하지 않는 것 같다.

in kind

본질적으로

➡ in essence; in specie

These two students differ in kind.

이 두 학생은 본질적으로 다르다.

in labor

분만 중인, 진통 중인

➡ in the process of giving birth; starting to give birth to

My sister is still **in labor** in the hospital.

내 여동생은 병원에서 아직도 분만 중이다.

in large numbers

대량으로

➡ in quantity; in large quantities; in volume

When products are produced **in large numbers**, they are cheaper.

제품은 대량으로 생산되면 가격이 싸진다.

in large part

대부분

➡ mostly; for the most part; mainly; chiefly

We made a profit on sales thanks, **in large part,** to the success of the campaign.

캠페인의 성공 덕분에 우리는 판매 수익을 올렸다.

in large quantities

많이, 다량으로

➡ in quantity; in abundance; in bulk

The government is planning to import coal **in large quantities**.

정부는 대량으로 석탄을 수입할 예정이다.

in league with

~과 동맹하여, 결속하여

➡ in alliance with; in combination with

It seems that they are secretly **in league with** the enemy.

그들이 적들과 내통하고 있는 것 같다.

in lieu of

~대신에

➡ instead of

He is supposed to buy me a book **in lieu of** a doll.

그는 나에게 인형 대신 책을 사주기로 하였다.

in light of

~을 고려하여, ~에 비추어

➡ in view of; considering

In light of the facts, I have decided to go on a journey.

그 사실을 고려하여, 나는 여행을 가기로 결심했다.

in line for

~에 승산이 있어, ~을 얻을 가망이 있어; ~의 후보가 되어

➡ about to get; having a chance of success

If you win this contract, you may be **in line for** a promotion soon.

만일 네가 이 계약을 성사시킨다면, 곧 승진하게 될 것이다.

⁴⁴²
in line with

~과 더불어 ; ~과 일치하는

➡ in harmony with

You must be **in line with** the rules of this organization.

너희들은 이 조직의 규칙에 따라야 한다.

⁴⁴³
in low spirits

기가 죽은, 의기소침한

➡ out of spirits; in poor spirits; in bad mood

His son came home **in low spirits** because he lost the game.

그의 아들은 그 게임에 져서 풀이 죽어 집으로 돌아왔다.

⁴⁴⁴
in luck

운이 좋은

➡ lucky; fortunate; having good luck

I think I'm **in luck**.

나는 운이 좋은 것 같다.

⁴⁴⁵
in many respects

많은 면에서

➡ in all respects

Chinese differs from Korean **in many respects**.

중국어는 많은 점에서 한국어와 다르다.

446

in many ways

많은 점에서

➡ in many respects

She is different from her mother **in many ways**.

그녀는 여러 가지 면에서 그녀의 어머니와 다르다.

447

in memory of

~을 기념하여

➡ in remembrance of; to the memory of

I was touched by her speech **in memory of** her mother at the funeral .

나는 장례식에서 어머니를 추도하는 그녀의 연설에 감동받았다.

448

in moderation

알맞게, 적당히

➡ moderately; in a moderate way

I will drink beer **in moderation** from now on.

지금부터는 적당히 맥주를 마셔야겠다.

449

in most cases

대개

➡ mostly; for the most part; in the main; generally

In most cases, you should only buy with cash, using your own money rather than borrowed money.

대부분의 경우 그것을 현금으로 매입해야 하는데 그것도 차입금이 아닌 자신의 돈으로 매입해야 한다.

450 □ □ in motion

이동하는, 작동하는

➡ moving

It is dangerous to step off a bus while it is **in motion**.

버스가 움직일 때 내리는 것은 위험하다.

451 □ □ in need

어려운 때, 곤경에 빠진

➡ in trouble

I helped someone **in need** on my way home.

나는 집에 가는 길에 도움이 필요한 어떤 사람을 도와주었다.

452 □ □ in nine cases out of ten

십중팔구, 대개는

➡ ten to one; most likely; nine times out of ten

He'll go there **in nine cases out of ten**.

그는 십중팔구 그곳에 갈 것이다.

453 □ □ in no case

결코 ~지 않다

➡ never; by no means

You should **in no case** go there.

결코 그곳에 가서는 안 된다.

454 in no distant future

가까운 장래에

→ in the near future; in the not too distant future

You are unlikely to see this kind of house **in no distant future**.

가까운 장래에 이런 집을 보기는 어려울 것 같다.

455 in no hurry

서두르지 않고(for/to do); 마음이 내키지 않고(to do)

→ willing to wait; not in any hurry

I am **in no hurry** to do that right now.

나는 지금 서두르지 않고 그 일을 하고 있다.

456 in no mood for

~할 기분이 아닌

→ unwilling to do; in no mood to

I am **in no mood for** joking with you right now.

너와 지금 농담할 기분이 아니다.

457 in no mood to

~할 마음이 없는

→ unwilling to do; in no mood for

I am **in no mood to** accept his proposal.

그의 제안을 받아들일 마음이 없다.

in no time

즉시

➡ at once; immediately; instantly

You'll make it in no time.

너는 금방 그것을 해낼 수 있을 것이다.

in no time flat

곧, 눈 깜짝할 사이에, 순식간에

➡ in nothing flat; in a jiffy; very soon

The police will be ready in no time flat.

경찰이 곧 달려올 것이다.

in no uncertain terms

분명히, 딱 잘라서 말하자면

➡ clearly; evidently; obviously; certainly

I let him know in no uncertain terms that I would not tolerate his conduct.

나는 그의 행동을 더 이상 참을 수 없다는 것을 분명히 그가 알도록 했다.

in no way

결코 ~지 않다

➡ not ~ at all; never

I think the situation is in no way serious.

사태는 결코 심각하지 않다고 생각한다.

in nothing flat

〈구어〉 눈 깜짝할 사이에, 순식간에

➡ in a jiffy; very quickly

The whole office will know of it **in nothing flat**.

사무실 전체가 곧 알 것이다.

in number

수로; 수효는; 통계로

➡ numerically; statistically; in the statistics

Volunteers are growing **in number**.

지원자들의 수가 증가하고 있다.

in observance of

~을 지켜서, 준수해서

➡ obeying or following the law

All government offices will be closed on Friday **in observance of** Independence Day.

모든 관청은 이번 금요일에 독립 기념일을 경축하여 업무를 보지 않는다.

in one fell swoop

단번에, 일거에

➡ at a single swoop

Buying into that company would, **in one fell swoop**, accomplish two important tasks.

그 회사의 주주가 된다는 것은 한번에 두 가지 중요한 일을 할 수 있다는 것이다.

in one's absence

~이 없는 곳에서

➡ while one is away

Don't say such a thing **in her absence**.

그녀가 없는 곳에서는 그런 말을 하지 마라.

in one's behalf

~를 대신하여, ~를 위하여

➡ in behalf of

Thank you for all the trouble you have taken **in my mother's behalf**.

어머니를 대신하여 베푸신 수고에 감사드립니다.

in one's book

~의 의견으로

➡ in the opinion of someone; according to one's book

In my book, he is not a man to tell a lie.

내가 보기에 그는 거짓말을 할 사람이 아니다.

in one's childhood

어린 시절에

➡ as a child

His face reminds me of a dog that I used to have **in my childhood**.

그의 얼굴은 내가 어린 시절에 키우던 개를 연상시킨다.

in one's day

한창 때에는, 젊었을 때에는

➡ in one's prime

I think I was handsome **in my day**.

나도 한창 때에는 멋있었다고 생각한다.

in one's defence

~를 방어하기 위하여

➡ in defense of

In their defense they adduced several justifications for their actions.

그들은 자신들의 방어를 위해 자신들의 행위에 대한 몇 가지 정당성을 제시했다.

in one's favor

~에게 유리하게; ~의 총애를 받는

➡ to one's advantage; to one's taste

His younger brother is **in his father's favor**.

그의 동생은 아버지의 총애를 받고 있다.

in one's glory

기고만장하여 있는, 의기양양한

➡ very happy

Mr. Kim was **in his glory** to hear the good news at that time.

김 선생님은 그때 그 좋은 소식을 듣고 의기양양하셨다.

in one's hands

~의 수중에

➡ in the hands of

That decision is not **in my hands**.

그 결정권은 저한테 있지 않아요.

in one's heart of hearts

마음속으로 몰래, 마음속에서

➡ in one's heart

I want you to tell me **in your heart of hearts** what you think of her.

그녀를 어떻게 생각하는지를 솔직하게 나에게 말해 주었으면 좋겠어.

in one's heyday

~의 전성기에

➡ at one's best; having one's day

He played an outstanding round of golf. He is definitely **in his heyday**.

그는 매우 훌륭한 골프 경기를 했다. 확실히 전성기에 있는 것 같다.

in one's lecture

~의 강의에서

➡ while one is lecturing

I agree with what you said **in your lecture**.

선생님이 강의에서 하신 말씀에 저도 동의합니다.

in one's opinion

~의 의견으로는

➡ in one's view

In my opinion, it's very hard to put your plan into practice.

내 견해로는, 당신의 계획을 시행하기가 어려울 것 같다.

in one's own good time

편리할 때에, 마음이 내키면

➡ when one is ready

I will tell you what I want to do here **in my own good time**.

내가 준비가 되면 여기에서 하고 싶은 것을 말하겠다.

in one's presence

~의 앞에서

➡ in one's face; in the presence of

They may not feel at home **in your presence**.

그들은 당신이 있으면 마음을 편히 가질 수 없을 것이다.

in one's prime

절정에 달한, 인생의 한창때인

➡ in one's best day

When I was **in my prime**, I could work like a horse.

내가 한창 때에는 말처럼 열심히 일하였다.

482 in one's right mind

제정신으로

➡ all there; in one's senses; in one's right sense

He is not **in his right mind** these days.

그는 요즈음 제정신이 아니다.

483 in one's right senses

제정신으로

➡ in one's senses; in one's right mind

She was not **in her right senses** at the party last night.

어젯밤 파티에서 그녀는 제정신이 아니었다.

484 in one's sense

제정신으로, 본심으로

➡ in one's right senses; in one's right mind

No one **in his sense** could do such a thing.

제정신으로 그런 일을 할 수는 없을 거야.

485 in one's shoes

~의 입장이 되어

➡ in someone's position

If I were **in your shoes**, I wouldn't do such a thing when I meet the president.

내가 너의 입장이라면 대통령을 만나 그렇게 하지 않을 것이다.

in one's spare time

여가 시간에

➡ at one's leasure

I appreciate the efforts of employees who work **in their spare time**.

여가 시간에 일을 한 직원들의 노고에 감사드립니다.

in one's wake

~의 자국을 좇아서, ~을 본따서, ~의 결과로서

➡ in the wake of

The recession left more cost-conscious customers **in its wake**.

불경기는 그 결과로서 더 많은 가격 민감형 소비자를 남게 하였다.

in one's way

방해가 되어

➡ in one's path as a hinderance

Can you move that big box? It is **in my way**.

그 큰 상자를 치워 줄래요? 방해가 돼요.

in order

순서 있게; 정리되어, 질서정연한; 제대로 작동하는

➡ orderly

Please walk to my desk **in order**.

순서대로 내 책상으로 걸어오세요.

in other words

바꾸어 말하면, 즉

➡ to say it differently

In other words, I had to study hard late at night at that time.

다시 말하자면, 나는 그 때 밤늦게까지 열심히 공부해야 했다.

in pairs

두 명이 한 쌍이 되어

➡ in a pair

I want you to sing a song **in pairs**.

너희들이 한 쌍이 되어 노래를 부르면 좋겠다.

in part

부분적으로, 어느 정도

➡ partly; to some degree; in some degree

I think what you said is right **in part**.

네가 말한 것이 어느 정도는 맞다고 생각한다.

in particular

특별히

➡ peculiarly; particularly; especially

In particular, I want to become involved in planning marketing strategies.

특히 마케팅 기획에 관여하고 싶습니다.

in person

본인이 직접, 실물로, 개인적으로

➡ personally

Parking fines are payable **in person** in the Office of the Clerk, City Hall, on weekdays from 9:00 a.m. to 5:00 p.m.

주차 위반 벌금은 평일 오전 9시부터 오후 5시까지 시청 수납과에 지불하면 됩니다.

in phalanx

동지로 단결하여

➡ in a body; solidly; in union; in combination

They rallied **in** solid **phalanx**.

그들은 굳게 단결하여 결집했다.

in pieces

산산조각으로, 갈기갈기, 뿔뿔이

➡ to pieces; to shreds

The broken lamp was lying **in** little **pieces** on the carpet.

부서진 램프는 카펫 위에 산산조각이 되어 놓여 있었다.

in place

적절한(for), 적소에

➡ prepared and ready; pertinent; in the right place

I used steel pins to hold everything **in place** on the wall.

나는 벽의 적당한 곳에 모든 것을 붙이기 위해 강철 핀을 사용했다.

498

in place of

~대신에

➡ instead of

I want you to take part in the game **in place of** me.

네가 나 대신 경기에 참가하면 좋겠다.

499

in plain words

솔직하게 말하자면

➡ frankly speaking; to speak honestly; to be honest

In plain words, we are to blame.

솔직히 말하면 우리 잘못이다.

500

in point of

~의 점에서는; ~에 관해서는

➡ on the score of

This coast is unequaled **in point of** scenic beauty.

이 해변가는 아름다운 경치로는 최고다.

501

in point of fact

사실상

➡ in fact; actually

In point of fact, he had taken a bribe.

사실상 그는 뇌물을 받아 왔다.

in possession of

~을 소유하여

➡ being possessed of

They are now **in possession of** a tactical nuclear weapon.

그들은 지금 전략 핵무기를 소유하고 있다.

in practice

실제로는

➡ in actual doing

In practice, that rarely happens because he's too busy and never in the office.

실제로는 그가 너무 바쁘고 사무실에 있는 경우가 없기 때문에 그렇게 되기는 힘들다.

in praise of

~을 칭찬하여

➡ speaking highly of

All the students were loud **in praise of** her.

모든 학생들은 큰 소리로 그녀를 칭찬하였다.

in preference to

~에 우선하여, ~보다는 오히려 더

➡ in priority to

He chose resignation **in preference to** dishonor.

그는 불명예보다 사임을 택했다.

in preparation for

~에 대비해서

➡ making preparation for

My mother has saved money **in preparation for** future financial difficulties.

우리 어머니는 미래의 재정적인 어려움에 대비해서 돈을 저금해 왔다.

in print

출판되어; 인쇄되어, 발간되어

➡ published

We can mail any book currently **in print** to any address in Korea.

현재 출간된 모든 책을 한국 어디든지 발송해 드릴 수 있습니다.

in private

비밀스럽게, 은밀히

➡ covertly; confidentially

She wants to talk to you **in private** about it.

그녀는 그 일에 대해 사적으로 너에게 얘기를 하고 싶어해.

in process of

~이 진행 중인

➡ in the process of; in the course of

They are **in** the **process of** scrapping their nuclear programs.

그들은 핵무기 계획을 포기하려고 한다.

in progress

진행중인

➡ going on now

Negotiations were already **in progress** when we got there.

우리가 그곳에 도착했을 때 협상은 이미 진행중이었다.

in proportion as S+V

~에 비례해서

➡ in proportion to

I want to get a salary from my company **in proportion as** I deserve for my work.

내가 일한 만큼 회사로부터 월급을 받고 싶다.

in prospect

유망하여; 예기되어서

➡ expected to happen soon

Your success in this industry is **in prospect**.

이 분야에서의 당신의 성공이 예상된다.

in prosperity

부유하게, 유복하게

➡ wealthily

I think you are a good friend to me in adversity or **in prosperity**.

너는 힘들 때나 좋을 때나 나의 좋은 친구라고 생각한다.

in proud array

당당하게

→ confidently; proudly

She is always **in proud array** in the face of difficulties.

그녀는 어려움에 처해 있지만, 늘 자신에 차 있다.

in public

대중 앞에서, 공개적으로

→ in company; publicly

I want you to try to make a speech **in public**.

네가 대중 앞에서 연설을 해 보면 좋겠다.

in pursuit of

~을 추구하여, ~을 추적하여

→ in quest of

The detectives were **in pursuit of** the criminal.

형사들은 범인을 추적하고 있었다.

in quantity

많이, 다량의

→ much; in large quantities

I would like to buy it **in quantity**.

나는 그것을 대량으로 구입하고 싶습니다.

in question

문제의, 논의 중인, 당사자의

➡ under discussion; at issue

I don't think we have ever discussed the matter **in question**.

우리는 문제가 되고 있는 것에 대해 논의해 본 적이 없는 것 같다.

in range with

~과 나란히

➡ in line with; abreast of

It is foolish of you to put it **in range with** that picture.

그것을 그 그림과 나란히 두다니 어리석다.

in recognition of

~을 인정하여, ~을 인정받아

➡ in acknowledgment of

I will grant holidays to you **in recognition of** your work for that.

그 일에 대한 당신의 업적을 인정하여 휴가를 드리겠습니다.

in regard of

~에 관해서는

➡ in respect of; with regard to; in connection with

I have nothing to say **in regard of** this matter right now.

나는 지금 이 문제에 대하여 말할 것이 없다.

☐
☐
in regard to

~에 관해서는

➡ concerning; regarding; as regards; with regard to

Let me say something in regard to this matter.

이 문제에 관하여 내가 몇 마디 하지요.

☐
☐
in relation to

~에 관해서

➡ in connection with; with relation to

I have nothing to say in relation to his misbe-havior.

나는 그의 비행에 관해서 할 말이 없습니다.

☐
☐
in remembrance of

~을 기념하여

➡ in memory of

This monument is built in remembrance of him.

이것은 그를 기념하는 비석이다.

☐
☐
in reserve

따로 남겨 둔; 별도로 준비되어 있는; 예비의

➡ available for use when it is needed

I have a little money for my mother in reserve.

나는 어머니를 위하여 약간의 돈을 예비로 준비해 두고 있다.

526 in respect of

~에 관하여, ~에 대하여

➡ in respect to; with regard to

I have nothing to say **in respect of** this matter.

나는 이 문제에 대하여 말할 것이 없다.

527 in response to

~에 응답하여

➡ in reply to; in answer to

In response to his remarks, I sent a very stern letter of protest.

그의 비평에 대한 응답으로, 나는 매우 강렬한 항의 편지를 보냈다.

528 in retrospect

되돌아보면, 회고해 보니

➡ looking back

In retrospect, I liked that job so much more than being White House Press Secretary.

되돌아보면, 나는 백악관 대변인 직보다 그 일을 훨씬 더 좋아했다.

529 in return

답례로, 회답으로

➡ as a return; in payment; in exchange

What will you give her **in return** for her present?

그녀의 선물에 대한 답례로 그녀에게 무엇을 줄 것인가요?

in return for

~의 답례로, ~과 교환하여

➡ in reward for; by way of return for

I want to give you many things **in return for** your hospitality.

당신의 호의에 답례로 당신에게 많은 것을 주고 싶어요.

in reverse

후면에, 거꾸로

➡ backwards

Be careful when you move **in reverse**.

뒤로 후진할 때 조심해라.

in search of

~을 찾아; ~을 구하여

➡ looking for; in pursuit of

He went into the Rocky Mountains **in search of** adventure.

그는 모험을 찾아 록키 산맥으로 갔다.

in season

한창인, 제철의

➡ at one's best; avaliable

I think strawberries are **in season** now.

딸기가 지금 한창인 것 같다.

in secret

비밀로, 남몰래

→ secretly; under the rose

He can see what is done in secret.

그는 비밀스럽게 일이 이루어진 것을 알고 있다.

in sefety

무사히

→ safely; without accident; safe and sound

I wish they could escape to another country in safety.

그들이 무사히 다른 나라로 탈출하면 좋겠다.

in shape

제 형태를 유지하고 있는, 날씬한, 건강한

→ healthy

Exercise gets the heart in shape.

운동은 심장을 건강하게 한다.

in short

요컨대, 짧게 말하면

→ in brief; to sum up; to make a long story short

In short, I'm really crazy about all kinds of film.

요컨대, 나는 모든 종류의 영화를 미치도록 좋아합니다.

538 in shorthand

재빨리, 신속히

➡ in a quick way of writing

My secretary wrote it down in shorthand.

내 비서는 그것을 속기로 받아 적었다.

539 in short supply

부족한, 공급이 달리는, 드문

➡ scarce

Materials for industrial use are in short supply.

산업용 물품의 공급이 부족한 상태에 있다.

540 in sight

보이는, 시야에 들어오는

➡ in view; visible

He tried to eat everything in sight.

그는 보이는 대로 뭐든지 먹으려고 하였다.

541 in so many words

확실히, 알아듣도록, 분명하게, 노골적으로

➡ explicitly

He wouldn't listen to me even though I told him so in so many words.

그는 내가 알아듣도록 말했음에도 불구하고 내 말을 듣지 않으려고 한다.

in some degree

어느 정도

➡ to some degree

I think what you said is right in some degree.
네가 한 말이 어느 정도는 맞다고 생각해.

in someone's arms

~가 포옹하여, ~의 품에서

➡ being embraced by someone

I saw a little baby sleeping in her arms.
나는 그녀의 품에서 자고 있는 어린 아기를 보았다.

in someone's boots

~의 입장에서

➡ in someone's position or situation; in someone's shoes

If I were in your boots, I would refuse it and quit the company.
내가 네 입장이라면, 그것을 거절하고 회사를 그만둘 것이다.

in someone's favor

~의 마음에 들어; ~에게 유리하게

➡ to one's advantage

The tables have suddenly turned in our favor.
형세가 갑자기 우리한테 유리하게 호전되었다.

in someone's good books

~의 마음에 들어

→ in someone's good graces

You won't be **in his good books** if you always make noise in the classroom.

너네들이 교실에서 항상 시끄럽게 하면, 그의 마음에 들 수가 없어.

in spite of

~에도 불구하고

→ despite, regardless of

I will continue working **in spite of** my illness.

나는 건강이 좋지 않지만 계속 일을 할 것이다.

in spite of oneself

무의식적으로, 자기도 모르게

→ unconsciously; against one's will; unwillingly

On hearing from his daughter, he was shedding tears **in spite of himself**.

그는 딸의 소식을 듣자마자 자신도 모르게 눈물을 흘렸다.

in state

정식으로, 공식적으로, 위엄 있게

→ formally; officially

The following evening we were again receiving guests **in state**.

다음날 저녁 우리는 공식적으로 손님들을 다시 받고 있었다.

in store

저장하여

➡ in reserve

There is no knowing what the future may bring forth. You must keep food **in store** for next year.

앞으로 어떤 일이 닥칠지 누구도 알 수 없습니다. 내년을 위해 음식을 저장해 두도록 하십시오.

in style

유행하는, 화려하게, 당당하게

➡ in fashion; in a grand way

Your hair style is **in style** now, but will be out of fashion soon.

너의 헤어스타일은 지금 유행하고 있지만, 곧 구식이 될 것이다.

in substance

대체로, 사실상, 실질적으로

➡ mainly; in fact; really

In substance she said that you were not able to go there.

실제로 그녀는 네가 그곳에 갈 수 없다고 말했다.

in sum

요컨대, 즉, 결국

➡ in brief; to sum up

In sum, they both provided food for a voyage.

결국, 그들은 둘 다 항해를 위한 음식을 준비하였다.

in support of

~을 지지해서

➡ for; in favor of

You must give evidence **in support of** your assertion.

당신의 주장을 뒷받침할 만한 증거를 대야 합니다.

in sympathy with

~에 동정하여, ~과 일치하여

➡ having compassion for; having sympathy for

You have to be **in sympathy with** my proposal this time.

이번에는 나의 제안에 따라주어야 합니다.

in tears

눈물을 흘리며, 울면서

➡ with tears in one's eyes; tearfully

She left the room **in tears** last night.

그녀는 어젯밤에 울면서 방을 나갔다.

in that

~때문에, ~라는 점에서, ~이므로

➡ since; because

I like that young girl **in that** she is fond of music.

나는 그 어린 소녀가 음악을 좋아한다는 점에서 그녀를 좋아한다.

in the abstract

추상적으로, 이론적으로

➡ in theory; abstractly

Beauty **in the abstract** differs from beauty in the concrete.

추상적인 아름다움은 구체적인 아름다움과 다르다.

in the aftermath of

~결과에 따라; ~의 여파로, ~의 직후에

➡ as a result of

A large number of companies went bankrupt **in the aftermath of** the recession.

불경기의 여파로 많은 기업들이 파산했다.

in the air

(계획 등이) 미정인, 막연한

➡ unsettled; undecided

As I know, it's still up **in the air**.

내가 알기로는 그것은 아직 미정이다.

in the air

공중에; 소문이나 기운이 느껴지는

➡ current; in the sky

At the party, there was enjoyment **in the air**.

파티에서 즐거운 분위기가 흐르고 있었다.

in the altogether

나체로, 벌거숭이로

➡ naked

We went swimming **in the altogether** this after-noon.

우리는 낮에 알몸으로 수영하러 갔었다.

in the bag

성공이 확실한, 확정된, 자기 손 안에 든 것과 마찬가지인

➡ successfully settled; very certain

I would say the five million dollars contract is **in the bag**.

오백만 달러의 계약이 내 손 안에 든 것이나 마찬가지라 할 수 있다.

in the balance

불안한 상태인, 중대한 국면에 처해 있는

➡ uncertain; unsettled

His fate hung **in the balance**.

그의 운명은 불안한 상태였다.

in the bank

예금하여

➡ on deposit

My father has 1,500,000 won **in the bank**.

우리 아버지는 150만 원의 예금이 있다.

566 in the black

흑자를 내는, 흑자의

➡ profitable; operating at a profit

Your business seems to stay **in the black** in the face of the recession.

당신 사업은 불경기에도 불구하고 흑자를 기록하고 있는 것 같다.

567 in the bud

초기에

➡ at the very beginning; at an early stage

We should nip juvenile delinquency **in the bud** in this town.

우리는 이 도시에서 청소년의 비행을 미연에 방지해야 한다.

568 in the buff

알몸으로, 벌거벗고

➡ naked; in one's birthday suit

Don't go swimming **in the buff** in this pool.

이 수영장에서 알몸으로 수영하지 마라.

569 in the cards

전망이 밝은, 가능성이 있는

➡ likely; possible

Car business is not **in the cards** in Korea.

한국에서의 자동차 사업은 전망이 밝지 않다.

☐
☐

in the chips

부자인

➡ having lots of money; wealthy; in the money

It is rumored that she is in the chips.

그녀는 부자라는 소문이 있다.

☐
☐

in the clear

결백하여, 위험을 벗어나서; 혐의가 풀려서

➡ innocent; free of blame

I believe he is in the clear at this time.

나는 지금 그의 결백을 믿는다.

☐
☐

in the clouds

공상에 잠겨, 몽상하여

➡ in dreams; absent-minded; daydreaming

Your opinion is little more than idealism. You seem to be in the clouds.

네 의견은 현실과 동떨어진 이상론에 불과하다. 공상에 빠져 있는 것 같다.

☐
☐

in the cold

따로 버려져서, 무시당해, 따돌림당한

➡ not part of a group

He is left out in the cold in the company because his plan failed.

그의 계획이 실패하자 그는 회사에서 괄시를 받고 있다.

in the course of

~하는 중에

➡ during the course of

In the course of our conversation, it emerged that John had been in prison.

대화를 나누던 중, John이 감옥에 있다는 것이 밝혀졌다.

in the dark

혼동된, 모르는 상태인

➡ in ignorance; uninformed; untaught

I'm still very much **in the dark** about how he went there.

나는 그가 어떻게 그곳에 갔는지 아직도 모른다.

in the distance

먼 곳에, 저 멀리

➡ far away

The lights of the houses twinkled **in the distance**.

집에서 새어나온 불빛이 멀리서 반짝였다.

in the doghouse

〈속어〉 면목을 잃고; 미움을 사서, 인기가 떨어진

➡ in disgrace or disfavor; unpopular

Ever since he made a slip of the tongue, he's been **in the doghouse**.

실언을 하고 난 뒤에, 그는 인기가 떨어졌다.

in the employment of

~에게 고용되어

➡ in someone's employ

People **in the employment of** this company are stuck in a labor dispute.

이 회사에 고용된 사람들은 노동쟁의 중이다.

in the end

마침내, 결국

➡ at last; in the long run

I do not doubt that he will win **in the end**.

나는 결국 그가 이길 것이라는 것을 의심하지 않는다.

in the face of

~에 직면하여; ~에도 불구하고

➡ in confrontation with; in spite of

In the face of furious storm, we quickly moved to a new place to live in.

휘몰아치는 폭풍우에도 불구하고, 우리는 신속히 새로운 거주지로 이동하였다.

in the first place

무엇보다도 먼저

➡ first; first of all

In the first place, we have to speculate about the meaning of life.

무엇보다도 먼저 우리 인생의 의미를 깊이 생각해 보아야 한다.

582 in the flesh

살아서; 실물로; 본인이 직접

➡ in person

You can see famous movie stars **in the flesh** at this club.

이 클럽에서는 유명한 영화배우를 실제로 볼 수 있어.

583 in the flower of life

한창 젊을 때에

➡ in the heyday of youth

My mother was very beautiful **in the flower of life**.

어머니는 한창 젊을 때 매우 아름다웠다.

584 in the forefront of

최전선에서, ~의 선두가 되어

➡ in the vanguard of

He was always **in the forefront of** the attack, leading his men on to victory.

그는 항상 전방에서 부하들을 이끌며 승리하였다.

585 in the hands of

~의 수중에

➡ in someone's hands

The key to training a horse lies **in the hands of** the trainer.

말들을 훈련시키는 열쇠는 트레이너의 손에 달려 있다.

in the heyday of youth

한창 젊을 때에

➡ in the flower of life

My father earned a lot of money **in the heyday of** his **youth**.

아버지는 한창 젊을 때에 많은 돈을 벌었다.

in the hole

빚진, 적자가 나서

➡ in debt; owing money

I'm a thousand dollars **in the hole** this month because of the operation.

그 수술 때문에 이 달에는 천 달러 적자다.

in the homestretch

최후에, 막판에, 최종 단계로

➡ at the final stage; at the eleventh hour

We are now **in the homestretch** of our journey into the city of Busan.

최종 목적지인 부산에 도착하고 있습니다.

in the hope of ~ing

~을 할 희망으로, ~을 기대하면서

➡ having hope of; expecting

He visited his collegue's room **in the hope of** gett**ing** more information on that.

그는 그것에 대한 더 많은 정보를 얻고 싶어서 동료의 방을 방문하였다.

in the immediate future

가까운 장래에

➡ in the near future; at no distant date

They are unlikely to see such a car **in the immediate future**.

가까운 장래에 이러한 자동차를 보기는 어려울 것 같다.

in the instant of ~ing

~하는 순간에

➡ at the point of; on the point of

She turned pale **in the instant of** hear**ing** it.

그녀는 그것을 듣는 순간에 창백해졌다.

in the interests of

~을 위하여, ~의 이익을 위하여

➡ for the good of; in behalf of; for the benefit of

He seemed to work hard **in the interests of** the company.

그는 회사를 위해 열심히 일한 것 같았다.

in the interim

당분간

➡ for the present; for the time being

They will rule the country **in the interim**.

그들은 당분간 그 나라를 통치할 것이다.

594

in the know

내막을 잘 아는, 정보에 밝은

➡ knowing about what most people don't know

I'll get in touch with those people **in the know**.

나는 내막을 잘 아는 그 사람들과 접촉할 것이다.

595

in the lap of luxury

마음껏 사치를 하며, 호의호식하며

➡ indulging in luxury

He is living on easy street sitting **in the lap of luxury**.

그는 호의호식하면서 살고 있다.

596

in the last resort

최후의 수단으로

➡ as a last resort; in the bottom of the bag

In the last resort she made up her mind to go there.

최후의 수단으로 그녀는 그곳에 가기로 결정했다.

597

in the light of

~의 견지에서; ~에 비추어서

➡ in the context of; in view of

In the light of that we had better not go there tonight.

그 점을 고려해 보면 오늘밤에 그곳에 가지 않는 것이 좋겠다.

598

in the line of duty

근무 중

➡ while on duty; while on the job

A police officer was killed **in the line of duty** trying to stop the murderer.

살인자를 막으려다가 한 경찰관이 순직했다.

599

in the long run

결국, 궁극적으로

➡ finally; after all

If you help the poor, you'll be happy **in the long run**.

당신이 가난한 사람들을 도와주면 결국 행복해질 것입니다.

600

in the loop

의사 결정에 개입하는(about), 같은 집단에 속한

➡ included in the communication process

Please let him know this so he is **in the loop** about this new task.

이것을 그에게 알려주세요. 그럼 그가 이 새로운 일에 관한 정보를 알겠지요.

601

in the main

일반적으로, 주로

➡ generally; for the main; for the most part

His success in business is **in the main** a result of his hard work.

그의 사업의 성공은 대체로 그의 노력의 결과이다.

in the making

제조 중인, 수습 중인, 준비된, 형성 중인, 이루어지고 있는

➡ in the process of being made

She is what is called a doctor **in the making**.

그녀는 소위 햇병아리 의사이다.

in the meantime

그 사이에, 그럭저럭하는 동안에, 한편

➡ in the mean while; in the interim

What should we do **in the meantime**?

우리는 그 동안에 무엇을 해야 하지?

in the middle of nowhere

멀리 인적이 끊긴

➡ miles from nowhere

A stranger visited my house **in the middle of nowhere**.

낯선 사람이 인적이 드문 곳에 있는 우리 집을 방문하였다.

in the money

〈구어〉 금전적으로 성공한; 풍부한

➡ wealthy

I will make a donation of $1,000,000 to the hospital if I am ever **in the money**.

내가 여유가 있으면, 병원에 백만 달러를 기부할 것이다.

in the name of

~의 이름으로, ~의 명목으로

➡ in someone's name; for the sake of name

They will arrest him in the name of law.

그들이 법의 이름으로 그를 체포할 것이다.

in the near future

가까운 장래에

➡ in no distant future; in the not too distant future

This disease will disappear in the near future.

이 질병은 가까운 미래에 사라질 것이다.

in the neighborhood of

~의 근처에서, 약, 대략

➡ about; in the region of

This will cost somewhere in the neighborhood of two thousand dollars.

이것은 대략 2천 달러 정도면 살 수 있다.

in the neighborhood

부근에

➡ close at hand

They committed a crime in the neighborhood.

그들은 근처에서 범죄를 저질렀다.

in the nick of time

아슬아슬한 순간에

➡ at the last minute

I jumped into the subway train **in the nick of time**, just as it was about to leave.

전철이 떠나려고 하는 순간 나는 열차로 뛰어 들어갔다.

in the open

야외에서, 공공연하게

➡ in the open air; out of door

We need some exercise **in the open** right now.

우리는 지금 야외에서 운동을 좀 해야 한다.

in the pink

매우 건강한, 건강한 기분의

➡ in good health

I am feeling **in the pink** after a 30-minute aerobic workout.

30분 에어로빅을 하고 나니 기분이 좋다.

in the pipeline

(상품 등이) 유통 경로로 발송 중인; 진행 중인, 준비 중인

➡ under way

A new book series is **in the pipeline** these days.

요즘 새로운 책 시리즈가 준비 중이다.

in the presence of

~의 면전에서

➡ under one's eyes; in one's face

You seemed ill at ease in the presence of all those ladies.

당신은 많은 숙녀들 앞에서 안절부절못하는 것 같았습니다.

in the process of

~의 진행 중에

➡ in the course of; in process of

They are in the process of building the castle on the hill.

그들은 언덕 위에 성을 짓고 있는 중이다.

in the proper sense of the word

그 말의 본래의 뜻으로는

➡ truly mean; originally mean

She thought his answer was "good" in the proper sense of the word.

그녀는 그의 대답이 본래의 의미로 "좋다"는 뜻인 줄 알았다.

in the public eye

사회의 주목을 받고, 널리 알려져

➡ widely recognized

The movie actress I know doesn't want to live in the public eye.

내가 아는 그 여자 배우는 세인의 주목 속에 살고 싶어 하지 않는다.

618 in the raw

자연 그대로의; 알몸의

➡ naked; in the buff

He wants to go swimming in the raw in the lake.

그는 벌거벗고 호수에서 수영을 하고 싶어한다.

619 in the red

적자의, 빚을 진

➡ losing money; in debt

They told me that his company was operating in the red.

그들은 그의 회사가 적자로 운영되고 있다고 말했다.

620 in the region of

~의 가까이에, 근처에, 약 ~

➡ in the neighborhood of

Can't you see a little thing in the region of my eye?

내 눈 근처에 작은 점이 보이니?

621 in the running

경주에 참가하여; 승산이 있어서

➡ having a chance to win

At least 100 people are in the running.

적어도 100명이 경쟁에 뛰어들었다.

in the saddle

권력을 잡고, 재직하고

➡ in command; in power

The politician you know died **in the saddle** last night.

어젯밤에 네가 아는 정치가가 죽었다.

in the same boat

운명이나 위험을 같이하는

➡ in the same situation

In a way, she and I are **in the same boat** in this town.

어떤 의미에서 그녀와 나는 이 동네에서 같은 처지라고 할 수 있다.

in the same breath

동시에, 한편으로

➡ at the same time

I think those things are not to be mentioned **in the same breath**.

그것들은 같이 논할 사항이 아닌 것 같다.

in the sequel

결국, 그 후에 결국

➡ after all; finally; ultimately; in the long run; in the end

They decided not to go there **in the sequel**.

그들은 그 후에 결국 거기에 가지 않기로 결정했다.

626

in seventh heaven

매우 행복한 상태에, 천국에 있는 듯한 기분인

➡ extremely happy; in a situation of great happiness

My son and I were **in seventh heaven** when we stayed in Korea.

아들과 나는 한국에 있을 때가 행복했다.

627

in the soup

〈구어〉 곤경에 빠져, 난처하게 되어

➡ in hot water; in big trouble

Their business ended up **in the soup**.

그들의 사업은 결국 어려움에 처하였다.

628

in the sticks

외딴 시골에

➡ a long way from any large cities

I don't know why she lives out **in the sticks** somewhere.

나는 그녀가 왜 외딴 시골에 사는지 모른다.

629

in the swim

사정에 밝아, 세상 물정에 밝아, 시류를 타고 있는

➡ swimming with the tide; going with the current of the times

The famous dress designer I met yesterday is **in the swim**.

내가 어제 만난 그 유명한 의상 디자이너는 시류를 타고 있다.

in the teeth of

~임에도 불구하고, 거역하여, ~을 무릅쓰고

➡ in the face of; in defiance of

In the teeth of their parents' opposition, they got married.

부모의 강한 반대를 무릅쓰고 그들은 결혼했다.

in the throes of

한창 ~할 때에

➡ at the height of

China was then **in the throes of** the war.

중국은 그때 한창 전쟁 중이었다.

in the turn of a hand

손바닥 뒤집듯이, 즉시

➡ in the turning of a hand; in an instant

I don't want to change my mind **in the turn of a hand**.

손바닥 뒤집듯이 마음을 바꾸고 싶지는 않다.

in the twinkling of an eye

순식간에, 눈 깜짝할 사이에

➡ in a flash

I'll be back **in the twinkling of an eye**.

금방 돌아오겠습니다.

634
in the wake of

~을 본따서; ~에 계속하여; ~의 자국을 좇아서; ~의 결과로

➡ following

They found a gold mine **in the wake of** the earthquake.

그들은 그 지진으로 금광을 발견했다.

635
in the way of

~의 방해가 되어

➡ in one's way; acting as an obstacle

Although he thought he was helping us, he was only **in the way**.

그는 우리를 돕고 있다고 생각했지만, 단지 방해만 될 뿐이었습니다.

636
in the wind

소문이 있는; 냄새가 나는; 곧 닥칠 것 같은, 일어나려고 하는

➡ rumored; happening; about to occur

That predictor sensed that something was **in the wind**.

그 예언가는 무엇인가가 일어날 것을 감지하였다.

637
in the worst way

〈구어〉 몹시, 대단히, 매우

➡ greatly; very much

I would like to be a teacher **in the worst way**.

나는 너무너무 선생님이 되고 싶다.

in theory

이론상으로는

➡ theoretically; on paper

Your plan is very well in theory, but will it work?
당신의 계획은 이론상 좋으나 실현 가능성이 있나요?

in this day and age

요즈음 같은 경우, 요즈음, 지금

➡ nowadays; now; in modern times

In this day and age, everyone in business expects a return close to ten percent on his portfolio of investments.
요즈음 같은 경우 사업하는 모든 사람들이 자신의 투자 포트폴리오에서 10퍼센트에 가까운 투자 수익을 기대한다.

in time

제시간에, 일찍

➡ in good time; not late; sooner or later

I got to the station in time.
나는 제시간에 역에 도착했다.

in time of need

어려울 때에

➡ in case of need

They helped me in time of need.
그들은 어려울 때 나를 도와주었다.

in token of

~의 표시로

➡ in sign of; in proof of; as a sign of

I would like to give this **in token of** friendship.

우정의 표시로 이것을 드리고 싶어요.

in torrent

억수로

➡ cats and dogs; in sheets

It rains **in torrents**.

비가 억수로 내린다.

in toto

전체로서, 완전히

➡ as a whole; altogether; in the aggregate

It will be good for the food industry **in toto**.

그것은 전체적으로 식품 산업에 좋은 영향을 미치게 될 것이다.

in touch with

~에 접촉하여, ~에 일치하여

➡ in contact with

We'll be **in touch with** you within the next three weeks.

3주 내로 연락드리겠습니다.

in tow

따라다니는; 끌려서

➡ being accompanied by

There were a number of admirers of his father's paintings **in tow**.

그의 아버지의 그림을 숭배하고 따라다니는 사람들이 많았다.

in tune with

~와 장단이 맞아서, 조화되어, ~와 죽이 맞아

➡ in melody with; in harmony with

They were **in tune with** each other, so they did everything successfully.

그들은 호흡이 잘 맞아 하는 일마다 성공을 이루었다.

in turn

차례로, 교대로

➡ one after another; by turns

You'll have to make a speech **in turn.**

차례대로 연설을 해야 할 것입니다.

in twos and threes

둘씩 셋씩, 삼삼오오

➡ by twos and threes

They are following me **in twos and threes**.

그들은 삼삼오오 나를 따라오고 있다.

in unity

일치단결하여

➡ at unity

In unity there is strength.

모이면 살고 흩어지면 죽는다.〈속담〉

in uproar

몹시 떠들썩하여, 왁자하여

➡ in an uproar; in a hurly-burly

Don't come into the room **in uproar**.

우르르 방으로 들어오지 마라.

in vain

헛되이

➡ uselessly; without result

I think all our work was **in vain**.

우리의 모든 일이 헛되이 끝난 것 같다.

in view

계획 중인; 보이는 곳에

➡ under consideration; in sight

We do not have specific projects **in view**.

우리는 특별히 계획 중인 프로젝트가 없다.

in view of

~을 고려하여, ~에 비추어

➡ considering

In view of your youth, I have decided to forgive you this time.

네 나이를 봐서 이번에는 너를 용서하기로 했다.

in violation of

~을 위반하여

➡ in contravention of

You should not drive **in violation of** traffic laws in this town.

교통 법규를 위반하면서 운전해서는 안 됩니다.

in virtue of

~의 힘으로

➡ by virtue of; by means of; on the strength of

The actor became a celebrity **in virtue of** one hit movie.

그 배우는 히트한 영화 하나 가지고 유명해졌다.

in vogue

유행하는

➡ in fashion; fashionable

This hair style is **in vogue** among the young.

이 헤어스타일이 젊은이들 사이에서 유행이다.

in want of

~이 필요한

➡ in need of

Your house is in want of repair.

당신의 집은 수리를 해야 합니다.

in wedlock

결혼한 상태인

➡ married

We are to be joined in wedlock this week.

이번 주에 우리는 결혼을 할 예정이다.

in word

말로는, 입으로는

➡ verbally

My job is too complicated to sum up in word.

내가 하는 일은 너무 복잡해서 한 마디로 요약할 수가 없다.

On

전치사 on은 at과 in의 중간적 개념이다. 평면의 개념으로 이해하여 접촉을 연상하면 된다. 스탠드의 스위치를 만지면 불이 들어오는 경우에 이 전치사를 사용한다.

661

on ~ terms with

~하는 관계

➡ in ~ relation to

I have been **on** good **terms with** her from child-hood.

나는 어린 시절부터 그녀와 사이가 좋다.

662

on a charge of

~의 죄로; ~의 혐의로

➡ on charges of; on suspicion of

She will be in prison **on a charge of** murder.

그녀는 살인죄로 형무소에 들어갈 것이다.

663

on a dime

좁은 장소에서, 소규모로; 곧, 즉시

➡ in a very small space; in a minute; in short order

You have to turn your car **on a dime** in this small area.

이런 협소한 장소에서는 차를 재빨리 돌려야 한다.

664

on a first-name basis

서로 이름을 부르는 가까운 사이인

➡ on first-name terms

I am **on a first-name basis** with her.

나는 그녀와 친하다.

on a large scale

대규모로

➡ in a large way; on a vast scale

My company is too small to invest its money in here **on a large scale**.

우리 회사는 작아서 대규모로 여기에 투자할 수는 없습니다.

on a par with

~에 필적하는, ~과 동등한

➡ on an equality with; on a parity with

It's almost **on a par with** the cake my mother used to bake.

이것은 어머니가 만들어 주시곤 했던 케익과 거의 맛이 같다.

on a roll

잘 풀리고 있는, 행운이나 성공이 계속되어

➡ going on well

We are **on a roll** in season and out of season.

우리는 때와 관계없이 잘 되고 있습니다.

on a scholarship

장학금으로

➡ winning a scholarship

She attended the University of Chicago **on a scholarship**.

그녀는 장학금을 받고 Chicago 대학에 다녔다.

on a seniority basis

연공 서열로

➡ according to seniority

Preference will be given on a seniority basis.

우선권은 연공 서열로 주어질 것이다.

on a shoestring

아주 작은 돈으로

➡ using very little money

He started the business on a shoestring two years ago.

그는 2년 전에 적은 자금으로 사업을 시작하였다.

on a sudden

갑자기

➡ all of a sudden; suddenly; all at once

On a sudden, the teacher got angry with all the students.

갑자기, 그 선생님은 학생들에게 화를 냈다.

on a whim

즉흥적으로, 충동적으로

➡ on impulse; impulsively; on the spur of the moment

I bought the car **on a whim**.

나는 차를 충동 구매했다.

on account of

~때문에

➡ owing to; because of

On account of the rainstorm, the game was postponed.

폭풍우로 경기가 연기되었다.

on all accounts

모든 점에서; 기어코, 어떤 일이 있어도

➡ in all respects; on every account

On all accounts, it is not good for you to go there alone.

아무리 생각해도, 당신이 거기에 혼자 가는 것은 좋지 않다.

on all fours

네 발로 기어; 꼭 들어맞아

➡ on all four legs; on hands and knees

The young boy was down **on all fours** on the floor playing with a dog.

그 아이는 개와 놀면서 마루에서 네 발로 기고 있었다.

on all sides

사방에, 도처에

➡ on all directions; wherever

This town is surrounded **on all sides** by hills.

이 도시는 사방이 언덕으로 둘러싸여 있다.

☐ on an average
☐

보통, 대개, 평균하여

➡ usually; on the average

It seems like they're down about 3 to 6% **on an average**.

그것들은 평균 3~6% 정도 떨어진 것 같다.

☐ on an empty stomach
☐

배가 고파서, 공복 시에

➡ when one is hungry

You have to avoid drinking **on an empty stomach**.

공복 시에 술을 먹는 것을 피해야 한다.

☐ on an errand
☐

심부름으로, 사명을 띠고

➡ on a message

Could you go **on an errand** for your brother?

형을 위해 심부름 좀 해주겠니?

☐ on and off
☐

때때로

➡ once in a while; sometimes

I visited my old friend living in that town **on and off**.

나는 때때로 그 동네에 사는 오랜 친구를 방문했다.

on another line

통화 중에, 이야기 중에

➡ while talking over the telephone

He is **on another line** right now.

그는 지금 통화 중이다.

on balance

모든 것을 고려하여, 결국

➡ as a whole; all in all; in the end

On balance, they will understand your situation.

결국 그들은 당신의 상황을 이해할 것입니다.

on behalf of

~을 대신하여, ~을 대표하여

➡ instead of; in place of; in substitute for

On behalf of Captain Kim and your flight crew we wish you a pleasant stay in Seoul.

김 기장과 승무원을 대표하여 여러분들이 서울에서 즐겁게 체재하시기를 기원합니다.

on board

~에 탑승한, 배 위에

➡ aboard

We were **on board** the plane at that time.

우리는 그 때 비행기에 탑승하고 있었다.

on business

사업상, 볼일이 있어

➡ on affairs

I will go to Tokyo **on business** next week.

나는 사업상 다음주에 도쿄에 갈 것이다.

on call

언제나 준비 대기 중인; 청구하는 대로 지급되는

➡ available; payable

You have to be **on call** tonight.

당신은 오늘밤 대기해야 합니다.

on charges of

~의 혐의로

➡ on the charge of; on a charge of

He will be arrested soon **on charges of** theft.

그는 절도죄로 곧 체포될 것이다.

on cloud nine

행복의 절정에

➡ extremely happy; on top of the world; walking on air

He's been **on cloud nine** ever since he got married.

그는 결혼한 이후로 매우 행복했다.

on credit

외상으로; 신용으로

➡ on charge

You can buy this car on credit.

당신은 신용으로 이 차를 살 수 있다.

on deposit

예금해서

➡ in the bank; upon deposit

You have 5,000,000 won on deposit right now.

당신은 현재 오백만 원의 예금이 있습니다.

on display

전시 중인; 진열되어 있는

➡ on show

There are several photographs on display in the room.

방에 사진 몇 장이 진열되어 있다.

on duty

근무 중인, 당번인

➡ at one's work

The employees in the hospital were on duty by turns.

병원 직원들은 번갈아 가며 근무를 했다.

on easy street

〈구어〉 안락하게, 돈에 쪼들리는 일이 없이

➡ in comfortable circumstances; well-off

I want to be **on easy street** when I get older.

나이 들어서도 돈 걱정 없이 편히 살고 싶다.

on edge

몹시 초조한, 참을 수 없는, 신경이 예민한, 날카로운

➡ impatient; nervous; anxious

She seemed to be **on edge** about something this morning.

그녀는 오늘 오전에 뭔가 불안해 하는 것 같았다.

on end

연속해서, 계속해서, 연달아

➡ without letup

It has been raining three days **on end**.

3일 연속 비가 오고 있다.

on equal terms

대등하게

➡ on an equal footing

I had a game **on equal terms** at that time.

나는 그때 대등한 시합을 했다.

on every account

모든 점에서, 어느 모로 보나

➡ on all accounts

I must get this done today **on every account**.

나는 꼭 오늘 중으로 이 일을 끝내야 한다.

on fire

불이 나서, 불타서

➡ burning

The car is **on fire**, please call the fire station.

차가 불타고 있으니 소방서에 전화하세요.

on foot

걸어서

➡ walking

I would rather go **on foot** than stay here waiting for a taxi.

여기서 택시를 기다리는 것보다 오히려 걸어가는 편이 낫겠습니다.

on grounds of

~의 근거로, ~이라는 이유로

➡ on the ground of; on account of

I will resign my post **on** the **grounds of** ill health.

건강상의 이유로 사직해야 할 것 같다.

701 on guard

당번으로, 보초를 서 있는

➡ on duty; on sentry; on the alert

An armed security officer is **on guard** at the American Embassy.

미국 대사관에는 무장 경비원 한 명이 보초를 서고 있다.

702 on hand

쓸 수 있도록 준비된; 수중에 가지고 있는; 출석하여 있는

➡ to available

He is **on hand** to tell us who is likely to come out on top.

그가 현장에서 과연 누가 최후의 승자가 될지 전해 드립니다.

703 on hands and knees

기어서

➡ on all fours

His baby was **on hands and knees** in the bath-room.

그의 아기는 욕실에서 기고 있었다.

704 on holiday

휴가 중

➡ on vacation

We'll go camping **on holiday**.

휴가 때 캠핑을 갈 거야.

on ice

➡ as good as won; having a chance of success

It is the first game of the season. The game's **on ice**.

시즌 첫 번째 게임이다. 이 게임은 이긴 거나 다름없다.

on impulse

충동적으로

➡ on a whim; impulsively; on the spur of the moment

Don't act **on impulse**, but act on principle.

충동적으로 행동하지 말고, 원칙에 따라 행동해라.

on inquiry

물어보니, 조사하여 보니, 알아본 즉

➡ after checking up something

On inquiry, her statement proved false.

알아보니 그녀의 진술은 거짓이었다.

on mortgage

저당 잡허

➡ on security

The bank lent me money **on mortgage** in March.

3월에 은행에서는 집을 저당잡고 돈을 빌려 주었다.

on no account

어떤 일이 있어도 ~지 않다, 결코 ~지 않다

➡ never; not ~ on any account; by no means; whatever may happen

I will **on no account** accept his offer.

결코 그의 제안을 받아들이지 않을 것이다.

on an oath

맹세코

➡ under oath; by the mass; upon one's troth

I didn't let out a secret **on an oath**.

나는 맹세코 비밀을 누설하지 않았다.

on occasion

때때로

➡ upon occasion; occasionally; sometimes; at times; at intervals

I meet her at the department store **on occasion**.

나는 가끔 백화점에서 그녀를 만난다.

on one side

한쪽에, 곁에, 옆에

➡ sidelong; sideways; by; beside

Please put this **on one side**.

이것을 한 쪽에 치워두세요.

on one's back

~를 괴롭히고

➡ annoying someone to do

My teacher has been on our back to do it at school.

선생님은 수업 중에 우리가 그것을 하도록 귀찮게 시켜 왔다.

on one's back

반듯이 누워, 바로 누워

➡ lying face up

They lay on their back on the grass, and looked up at the sky.

그들은 잔디 위에 반듯이 누워 하늘을 보았다.

on one's doorstep

문 앞에서, 집 가까이에

➡ at the door step

I was stunned by her unheralded arrival on my doorstep.

뜻밖에 그녀가 집 앞에 있어서 깜짝 놀랐다.

on one's face

엎드려서

➡ on one's stomach

Susan always sleeps on her face.

수잔은 항상 엎드려 잔다.

717

on one's feet

일어서서, 기운을 회복하여, 자립하여

⇒ to recover from an illness

I wish you could be **on your feet** soon.

곧 회복하시길 바랍니다.

718

on one's guard

경계하는(against); 보초를 서 있는

⇒ taking precautions against

You must be **on your guard** against swindlers.

사기꾼들을 조심해야 한다.

719

on one's hands

책임져야 할, 해야 할

⇒ responsible for; that which one has to do

I think I have too many things **on my hands** recently.

요즘 할 일이 너무 많다.

720

on one's hands and knees

기어서

⇒ crawling

My baby brother began to crawl **on his hands and knees** towards the door.

내 어린 동생은 문으로 기어 가기 시작했다.

On 691~830

721

on one's high horse

거만하여, 우쭐거려

➡ being very proud; on the high horse

He is always **on his high horse** around town.

그는 항상 동네에서 거만하게 행동하고 있다.

722

on one's knees

무릎을 꿇고

➡ on bended knees; bending the knee

We were **on our knees** praying in church.

우리는 교회에서 무릎을 꿇고 기도하고 있었다.

723

on one's last legs

거의 죽어가는, 녹초가 된, 파산의 지경인

➡ tired out; all in; in very bad condition and about to stop working

That company is really **on its last legs**.

그 회사는 파산 일보 직전이다.

724

on one's own

자기 혼자서, 스스로

➡ in person; by oneself

I will get out from under this **on my own**.

나는 내 힘으로 이 문제를 해결하려고 한다.

on one's own account

독립하여, 자기 책임으로, 스스로

➡ for one's own sake

You should deal with this matter **on your own account**.

당신이 책임지고 이 일을 처리해야 합니다.

on one's part

~측에서는

➡ on the part of

This will take some patience **on your part**.

이것을 하려면 인내심이 필요하다.

on one's plate

해야 할 일 등이 있는, 떠맡은

➡ something to be done or finished

I have a lot **on my plate** at the moment in my office.

난 사무실에 일이 산더미처럼 쌓여 있다.

on one's right

~의 오른편에, ~의 오른쪽에

➡ on the right of

His big castle will be **on your right**.

오른쪽에서 그의 큰 성을 발견하게 될 것이다.

729

on one's toes

조심하는, 준비를 갖추어, 대비하여; 기운이 넘치는

➡ on the alert; alert; ready

The teacher kept the students on their toes by asking many interesting questions.
그 선생님은 많은 재미있는 질문을 하면서 학생들을 긴장하게 했다.

730

on one's way to

~로 가는 도중에

➡ on the way to; en route to

Are you on your way to the library?
도서관에 가는 중이니?

731

on one's word

맹세코, 반드시, 꼭

➡ upon one's word; by God

I'll never call her again on my word.
맹세코 나는 그녀에게 전화를 하지 않겠다.

732

on paper

서류상으로, 통계상으로

➡ in theory; theoretically

The business outlook for next year is good on paper.
통계적으로 내년도 사업 전망은 좋다.

on prescription

처방전으로

➡ according to a prescription

The drug is available only on prescription.

그 약은 처방전으로만 살 수 있다.

on purpose

고의로

➡ purposely; intentionally

I'm pretty sure he didn't do such a thing on purpose.

난 그가 일부러 그런 것은 아니라고 확신하고 있다.

on request

요청하는 대로

➡ as requested; when asked for

I will send it to them on request.

나는 그들이 신청한 대로 그것을 보낼 것이다.

on sale

팔려고 내놓은; 판매 중인; 할인 판매 중인

➡ displayed to be sold

These items are on sale for 30% off at any supermarket.

이 물건들은 어느 슈퍼마켓에서나 30% 할인하여 팔고 있다.

737 on schedule

예정대로, 일정에 맞춰; 정시에

➡ on time; punctually

I could only manage to wake up **on schedule**.

나는 일정에 맞게 일어날 수가 있었다.

738 on second thought

재고해 보고

➡ after thinking it over

I planned to go there, but **on second thought** I decided to stay here.

나는 그곳에 가려고 하였으나, 다시 생각해 보고 나서 이곳에 머무르기로 결정했다.

739 on someone's account

~를 위하여

➡ for the good of; in behalf of; in someone's behalf

Please don't go out of your way **on my account**.

저를 위해서 일부러 그렇게 하지 않으셔도 됩니다.

740 on short notice

급히, 단시간에

➡ within a limited time

We apologize again for having to cancel the seminar **on** such **short notice**.

갑작스럽게 세미나를 취소한 것에 대해 다시 한 번 사과드립니다.

741

on someone's heels

~의 뒤를 따라서

➡ close behind; at someone's heels

The black car was **on my heels** all day long.

검은 차가 하루 종일 나를 따라오고 있다.

742

on standby

대기하고 있는

➡ on call

We will put the special force **on standby** for emergency.

비상시를 위해 특수 부대를 대기시키겠습니다.

743

on suspicion of

~의 혐의로

➡ on charges of; on a charge of

She has been questioned **on suspicion of** slandering them.

그녀는 그들을 비방한 혐의로 심문을 받아 왔다.

744

on that score

그 점에 관해서는, 그 때문에

➡ on that account

On that score, his idea is unrealistic.

그 점 때문에 그의 아이디어는 비현실적이다.

on the alert

빈틈없이 경계하고, 대기하여

➡ on one's guard

We must be **on the alert** for enemy tanks.
우리는 적의 탱크들을 경계해야 한다.

on the average

평균; 대략

➡ on an average; usually

I will exercise two hours a day **on the average**.
나는 평균 하루에 두 시간 운동을 할 것이다.

on the ball

기민한, 빈틈없는

➡ intelligent; clever; attentive

I hired her because she is **on the ball**.
나는 그녀가 똑똑해 보여서 고용했다.

on the beam

(비행기 등이) 정확한 진로를 잡고; 올바르게

➡ correct; on the right track

The pilot is **on the beam**.
그 파일럿은 정확히 진로를 잡고 있다.

749
on the blink

〈속어〉 상태가 좋지 않은, 고장 난

➡ not working well; feeling under the weather

The red car he just bought yesterday is **on the blink**.

그가 어제 막 산 빨간 차가 고장났다.

750
on the border of

막 ~하려고, ~에 인접하여

➡ on the point of; adjacent to

His son was **on the border of** death because of the car accident two days ago.

그의 아들은 이틀 전에 자동차 사고로 거의 죽을 뻔했다.

751
on the brink of

막 ~할 것 같은

➡ on the verge of

The soldier was **on the brink of** death.

그 군인은 숨을 거두기 직전이었다.

752
on the button

정확히; 정각에

➡ exactly right; on the nose

He arrived right **on the button**.

그는 정확하게 도착하였다.

on the charge of

~의 혐의로

➡ on suspicion of; on charges of

They were arrested **on the charge of** burglary.

그들은 강도 혐의로 체포되었다.

on the contrary

그와 반대로

➡ on the other hand

On the contrary, I like this game very much.

그 반대로, 나는 이 게임을 너무 좋아한다.

on the cuff

외상으로

➡ on credit

I will buy this washing machine **on the cuff**.

이 세탁기를 외상으로 사야겠다.

on the date

그 날에

➡ on that day

I dropped by his office **on the date**.

나는 그 날 그의 사무실을 방문하였다.

757
on the dot

정확히, 꼭 제시간에, 정각에

➡ accurately; on the hour

I'll be there at 6:00 **on the dot**.

거기에 6시 정각에 갈게.

758
on the double

〈구어〉 신속히, 황급히

➡ hurriedly

Let's organize this room. **On the double**!

이 방을 정리하자. 빨리!

759
on the downgrade

몰락하기 시작한, 망해 가는

➡ on the skids; on the decline

The prestige of that country was **on the down-grade**.

그 나라의 국운이 기울고 있었다.

760
on the edge of

~의 가장자리에, 막 ~하려는 참에

➡ on the brink of; on the verge of

The houses are located **on the edge of** the river.

집들이 강가에 있다.

on the face of it

표면상으로는, 언뜻 보기에는

➡ seemingly; apparently; on the mere face of it

On the face of it, there will be no hope of winning the election.

표면상으로는, 선거에서 이길 희망이 없다.

on the flip side

한편, 다른 측면에서 보면

➡ on the other hand

On the flip side, I think you made a little progress.

다른 측면에서 보면, 네가 약간 좋아진 것 같다.

on the go

쉴 새 없이 활동하여, 일만 하는, 가고 있는

➡ very busy doing something

I have been **on the go** all this week.

이번 주 내내 바빴다.

on the grapevine

소문을 통해서, 소문에 따르면

➡ through the grapevine; by hearsay; from hearsay; on hearsay

I've heard something bad about him **on the grapevine**.

그에 대한 좋지 않은 소문을 들었다.

on the ground of

~라는 이유로, ~을 구실로

➡ on the grounds of; by reason of; on account of

On the ground of his illness, he was absent from school.

그는 아프다는 이유로, 학교에 결석하였다.

on the grounds of

~라는 이유로

➡ on the ground of

His son went home **on the grounds of** illness.

그의 아들은 병을 핑계로 집에 갔다.

on the heels of

~에 바로 뒤따라서

➡ at the heels of

There will be a rainstorm **on the heels of** the hurricane.

허리케인에 이어 폭풍우가 올 것이다.

on the horns of a dilemma

진퇴양난에 빠진

➡ in a dilemma; in a quandary

They seemed to be **on the horns of a dilemma**.

그들은 진퇴양난에 빠진 것 같았다.

on the house

➡ paid for by the owner

The food is **on the house** in this restaurant today.

이 레스토랑에서 오늘 음식은 공짜입니다.

on the impulse of the moment

그때 일시적 충동으로

➡ on the spur of the moment; on impulse; impulsively

He shot his friend **on the impulse of the moment**.

그때 일시적 충동으로, 그는 친구를 쏘았다.

on the increase

증가 중인

➡ increasing; on the rise

Unemployment is still **on the increase** in Japan.

일본에서는 실업자 수가 여전히 증가하고 있다.

on the instant

즉시, 즉각

➡ at once; immediately; instantly; promptly; in no time; right away

He was run over by a goods train and killed **on the instant**.

그는 화물열차에 치어 즉사했다.

773

on the level

〈구어〉 정직한(with), 공명정대하게, 정직하게 말해서

➡ honest

You should be **on the level** with me.

당신은 나에게 정직해야 합니다.

774

on the lookout for

찾는 중인, 망을 보고, 경계하여

➡ in quest of

A policeman is **on the lookout for** a woman in a red dress.

경찰은 빨간 옷을 입은 여자를 찾고 있다.

775

on the market

시중에 나와 있는, 판매되는

➡ on sale

This product became the hottest item **on the market**.

이 제품은 시장에서 가장 잘 나가는 것이다.

776

on the mend

차도가 있는, 호전되고 있는

➡ healing; getting well

He has been sick for the last 5 months, but now he is **on the mend**.

그는 5개월 동안 아팠으나 지금 호전되고 있다.

on the move

움직이며 여행하는; 진행되고 있는; 활동적인

➡ continuingly travelling

It is hard to contact you. You are always **on the move**.

연락이 잘 안 되네. 항상 바쁘게 돌아다니나 봐.

on the nail

즉석으로, 즉석에서 지불되는

➡ immediately; on the spot; at once

He paid for the motorcycle **on the nail**.

그는 즉석에서 그 오토바이 값을 지불했다.

on the nose

정확히, 분명히

➡ exactly; punctually; no doubt; without doubt

We have to finish it at 5 o'clock **on the nose**.

우리는 5시 정각에 그것을 끝내야 한다.

on the one hand

한편으로는

➡ on the one side

On the one hand, I like to watch basketball, but I don't love to play it.

한편으로 나는 농구를 보는 것을 좋아하지만, 하는 것은 좋아하지 않는다.

781 on the other hand

반면에, 다른 한편으로는

➡ conversely

Mr. Park can't dance at all. **On the other hand,** he is a very good singer.

박 선생님은 춤은 전혀 못 추는 반면 노래는 아주 잘 한다.

782 on the outskirts of

도시 외곽 지역에, 변두리에서

➡ in the outskirts of

Their hotels are located **on the outskirts of** this town.

그들의 호텔들은 이 도시의 교외에 위치하고 있다.

783 on the part of

~쪽에서는

➡ on the side of; on one's part

The accident was caused by the error **on the part of** the driver.

그 사고는 운전자 측의 실수로 일어났습니다.

784 on the payroll

고용되어

➡ employed

He was placed **on the** regular **payroll** last week.

그는 지난주에 정식 직원이 되었다.

on the phone

전화상으로

➡ by phone

She is talking with him on the phone.

그녀는 그와 전화로 이야기하고 있다.

on the point of ~ing

~의 순간에, ~할 지경인, ~하기 직전

➡ on the verge of

He was on the point of taking a shower when I called him up.

내가 그에게 전화했을 때, 그는 막 샤워를 하려던 참이었다.

on the pretext of

~을 구실삼아, ~을 핑게 삼아

➡ in excuse of; under cover of

On the pretext of my duty I made frequent visits to his store.

나는 일을 핑게 삼아 그의 상점을 빈번히 방문했다.

on the quiet

몰래, 살그머니

➡ secretly; on the sly

We've been keeping this for future use on the quiet.

우리는 이것을 나중에 사용하기 위하여 몰래 보관해 왔다.

on the right side of

나이가 ~ 전인, ~의 나이를 넘지 않은

➡ on the sunny side of; on the bright side of

My wife is on the right side of 40.

내 아내는 40세가 넘지 않았다.

on the right track

(생각이나 의도 등이) 바른, 제대로 파악하고 있는

➡ thinking or acting in the right direction

Am I on the right track if I say this is associated with that?

이것이 저것과 관련이 있다고 말하면 내가 제대로 파악하고 있는 건가요?

on the rise

상승세에 있는

➡ on the increase; increasing

The use of the Internet is on the rise in Korea every year.

한국에서는 인터넷 사용이 매년 증가하고 있다.

on the road

여행 중인, 이동 중인, 순회공연 중에, 원정 중에

➡ travelling; on route; on the way

His show was on the road much of the time.

그의 공연은 주로 순회 공연이다.

on the rocks

파멸 상태인, 파산 상태인, 무일푼의

➡ nearly collapsed; being ruined

My business in Korea was **on the rocks** and I decided to go abroad.

국내에서 나의 사업이 파멸 상태였기 때문에 해외로 가기로 결정하였다.

on the run

달리고 있는, 도주하여

➡ running hastily; in haste

They are **on the run** after the reporting of the incident.

그들은 사건 보도 후 도주 중이다.

on the same wavelength

〈구어〉 ~와 같은 생각으로(as), 서로 생각이 통하는, 죽이 잘 맞는

➡ just the same

Mr. Rugh and I are pretty much **on the same wavelength**, and get along very well.

미스터 류와 나는 죽이 잘 맞아서 매우 사이가 좋다.

on the scene

현장에

➡ on the spot

The police will soon arrive **on the scene**.

경찰이 곧 현장에 도착할 것이다.

on the score of

~의 점에서, ~ 때문에

➡ on account of; because of

My boss was very angry **on the score of** her insult.

나의 상사는 그녀가 무례하게 굴었기 때문에 매우 화가 났다.

on the side

부업으로

➡ as a sideline; beside the main job

His wife earned a little money **on the side** setting her own store.

그의 아내는 자신의 가게를 차려서 부업으로 약간의 돈을 번다.

on the sidelines

방관자로서

➡ as a spectator

She was just **on the sidelines** in my affairs.

그녀는 내 문제에 있어서는 방관자일 뿐이었다.

on the skids

〈속어〉 파멸이나 타락으로 접어든, 내리막길에 있는

➡ on the downgrade; on the decline

The prestige of your country is **on the skids**.

당신의 나라는 국운이 기울고 있다.

801
☐
☐ **on the sly**

살짝, 남몰래, 은밀히

➡ upon the sly; secretly; by stealth

We have had business relations **on the sly** for five years.

우리는 5년 동안 비밀리에 거래를 해 왔다.

802
☐
☐ **on the spot**

그 자리에서; 즉석에서

➡ then and there; at once; immediately

I don't want to make such a big decision **on the spot**.

그런 중요한 의사 결정을 즉석에서 하고 싶지는 않다.

803
☐
☐ **on the spur of the moment**

깊은 생각하지 않고, 순간 생각으로

➡ impulsively; all of sudden

I decided to move out **on the spur of the moment**.

우리는 이사하기로 갑작스럽게 결정했다.

804
☐
☐ **on the square**

〈구어〉 정직하게; 공정하게

➡ honestly

I know a good constructor who is completely **on the square**.

나는 참으로 정직한 건설업자를 안다.

805 on the strength of

~을 믿고, ~을 의지하여, 원조를 받아

➡ by force of; by dint of

The stock market rose sharply **on the strength of** the good economic figures we released two days ago.

우리가 이틀 전에 발표한 좋은 경제 수치에 힘입어 주식 시장이 크게 올랐다.

806 on the string

〈속어〉 마음대로 조종당하여, 뜻대로, 의존하여

➡ on a string; under one's control; obedient to wish

He was trying to have her **on the string**.

그는 그녀를 마음대로 조종하려고 하였다.

807 on the subject of

~이라는 제목으로, ~에 관하여

➡ concerning; regarding

I will attend your seminar tomorrow **on the subject of** democratic power structure.

나는 내일 민주적인 권력 구조를 주제로 한 당신의 세미나에 참석할 것이다.

808 on the surface

외관상으로, 표면적으로 볼 때

➡ externally; seemingly; on the face of it

On the surface, the couple seem to be happy together.

겉으로는, 그 부부는 금실이 좋아 보인다.

on the table

(의안 등이) 검토 중인, 분명히 보이는 곳에

➡ under consideration

An idea has been put **on the table** of adding a choice of optional dental plans to the employee benefits package. 옵션으로 된 치과 계획의 선택권을 복리 후생 제도에 포함시키자는 아이디어가 검토 중이다.

on the take

뇌물을 노리는

➡ accepting bribes

There were a lot of high-ranking public officials **on the take**. 뇌물을 바라는 고위 공무원들이 많이 있었다.

on the tip of one's tongue

말이 입끝에서 돌며 생각이 안 나는, 하마터면 말이 나올 뻔하여

➡ not being able to remember something when one is trying to say

I stood there for about five minutes with my telephone number **on the tip of my tongue**.
내 전화번호가 생각나지 않아서 약 5분 동안 거기에 서 있었다.

on the town

〈구어〉 시내로 놀러가서; 흥청거리며 노는

➡ having fun downtown; having a ball

She went out **on the town** dancing with them.
그녀는 그들과 시내에 춤추러 나갔다.

813
on the track of

~을 추구하여, ~을 추적하여, ~의 단서를 얻어

➡ in pursuit of

The police are **on the track of** an escaped criminal.

경찰은 도망간 범인을 쫓고 있다.

814
on the upgrade

상승하여

➡ rising; ascending

Monthly sales are **on the upgrade** these days.

최근 월 매출이 상승하고 있다.

815
on the verge of

~하기 직전에, 금방 ~할 것 같은, ~에 처해 있다

➡ on the brink of

Rumor has it that his business is **on the verge of** going bankrupt.

그의 사업이 파산 직전이라는 소문이 있습니다.

816
on the wagon

술을 마시지 않는, 금주 중인

➡ abstaining from drinking

I am currently **on the wagon**.

지금은 술을 안 마십니다.

on the wane

쇠퇴하기 시작하여, 기울기 시작하여

➡ in the wane; diminishing

His career prospects were **on the wane**.

그의 경력에 대한 장래는 어두워지고 있었다.

on the warpath

화가 나서, 싸울 기세로

➡ infuriated; in a stew; in a angry mood

His father was **on the warpath** after seeing his low grades.

그의 아버지는 그의 낮은 점수를 보고 화가 났다.

on the watch

방심하지 말고, 경계하여

➡ on the alert; on the lookout

You'll have to be **on the watch** for the enemy tonight.

당신은 오늘 밤에 적을 경계해야 할 것이다.

on the way

도중에; 진행 중인, 다가오는

➡ on one's way; midway; on route

His car broke down again **on the way** back this evening.

그의 차가 오늘 밤 돌아가는 길에 또 고장이 났다.

821
on the whole

대체로

➡ in general; generally

Like you said, **on the whole**, she is a very good girl.

당신이 말한 대로, 대체로, 그녀는 좋은 여자이다.

822
on the wing

비행 중인

➡ flying in the air; in flight

He saw the eagle **on the wing** high over the valleys.

그는 독수리가 골짜기 위로 높이 날고 있는 것을 보았다.

823
on the wrong track

그릇된, 틀린 사고방식으로

➡ thinking or acting in the wrong direction

The sales figures show we are **on the wrong track**.

판매 수치는 우리가 잘못 가고 있다는 것을 말해 준다.

824
on time

시간을 어기지 않고; 제시간에; 정시에

➡ punctually

I hope you will get to school **on time**.

학교에 늦지 않게 가라.

825 on top

일등안; 성공한, 우세한; 위에 있는

➡ first; above

You will come out **on top** if you study a little harder.

조금 더 열심히 하면 너는 일등을 할 수 있어.

826 on top of

위에; ~에 더하여; ~의 정상에서; 〈구어〉 완전히 장악한

➡ on the top of

My father is standing **on top of** the ladder.

아버지가 사다리 위에 서 있다.

827 on top of the world

〈구어〉 좋아서 어쩔 줄을 모르는, 기분이 최고인

➡ very happy; on cloud nine

I was **on top of the world** after seeing the test results.

나는 시험 결과를 보고 매우 기뻤다.

828 on trial

재판 중인

➡ pending in court

The burglar will be **on trial** next week.

그 강도는 다음 주에 재판을 받을 것이다.

☐ on trust
☐

신용으로, 외상으로

➡ on credit

She bought a new hat on trust today.

그녀는 오늘 새 모자를 외상으로 샀다.

☐ on vacation
☐

휴가 중

➡ during the holidays

They are in Italy on vacation at this time.

그들은 지금 이태리에서 휴가 중이다.

To

전치사 to는 방향성을 가지므로 '어디로' 로 해석한다. 그러나 at과 비교하여 상대적으로 정확한 한 점의 방향은 아니다. 그리고 at은 이동의 의미가 없지만, to는 이동의 의미가 있다.

831 to a certain degree

얼마간은, 약간은, 어느 정도는

➡ to some degree

I think he agrees with you **to a certain degree**.

어느 정도는 그가 너에게 동의하는 것 같다.

832 to a crisp

바삭바삭하게

➡ crisply

The flames in the barrel burned it **to a crisp**.

배럴통 안의 화염은 그것을 바싹 태웠다.

833 to the day

하루도 틀리지 않고, 정확히

➡ exactly; accurately

It is five years **to the day** since that accident took place.

그 사건이 일어난지 꼭 5년이다.

834 to a degree

〈구어〉 크게; 얼마간

➡ largely; exceedingly

I think the gentleman is modest in speech **to a degree**.

그 신사는 말씨가 매우 품위 있는 것 같다.

835

to a fault

지나치게, 결점이라고 할 만큼, 극단적으로

➡ to excess; excessively; too much

My teacher was generous **to a fault** in his treatment of his students.

우리 선생님은 학생들에게 지나치게 관대하셨다.

836

to a hair

정확하게, 정밀하게

➡ to a hairline; exactly

You have to arrive here at 6 o'clock **to a hair**.

여기에 정확히 6시에 도착해야 합니다.

837

to a man

만장일치로, 이의 없이

➡ unanimously; without one accord

Congress passed the bill **to a man** 2 days ago.

국회는 이틀 전에 만장일치로 그 안을 통과시켰다.

838

to a turn

〈구어〉 적당하게, 음식 등이 꼭 알맞게

➡ just right; perfectly

I think this steak was done **to a turn**.

이 스테이크는 알맞게 구워진 것 같다.

to all appearances

보기에는, 어느 모로 보나, 아무리 봐도

➡ by all appearances

This computer was **to all appearances** the same size as mine.

아무리 봐도 이 컴퓨터는 내 것과 크기가 같다.

to all intents and purposes

어느 점으로 보아도, 사실상, 실제로는

➡ for all intents and purposes

To all intenst and purposes she was my mother.

사실 지금 말인데 그분은 나의 어머니였다.

to begin with

우선, 우선 먼저, 애초부터

➡ first of all; before everything; in the first place

The hotel was terrible! **To begin with**, our room was very dirty.

그 호텔은 정말 엉망이었어! 우선, 우리 방이 너무 더러웠어.

to boot

게다가

➡ in addition to that; besides; into the bargain

His mother is kind and she is intelligent **to boot**.

그의 어머니는 친절하고 게다가 지적이시다.

to date

현재까지

➡ down to date

It will be Korea's largest communications and electronic consortium **to date**.

그것은 현재까지 한국에서 가장 큰 통신 및 전자 컨소시엄이 될 것이다.

to excess

지나치게; 과도하게

➡ excessively; to much; to a fault

Drinking is all right as long as you don't do it **to excess**.

음주는 지나치지만 않으면 괜찮다.

to make matters worse

설상가상으로

➡ what is worse

To make matters worse, mafia groups emerged, creating serious economic and social problems.

설상가상으로, 마피아가 나타나, 심각한 경제적 · 사회적 문제를 야기시켰다.

to no avail

허사로, 무익하게, 보람 없이

➡ without avail

Their efforts were **to no avail**.

그들의 노력은 전부 허사였다.

to no end

헛되이; 무익하게

➡ in vain; vainly; to no purpose

I think you labored **to no end**.

너는 헛수고한 것 같다.

to no purpose

거의 헛되게

➡ vainly; in vain; to no end

Many a time did I warn you, but **to no purpose**.

몇 번이나 당신에게 경고했지만, 허사였다.

to one's advantage

~에게 유익하게, ~에게 유리하도록

➡ advantageously to someone; to the advantage of

It is **to your advantage** to avail yourself of the full range of hotel facilities .

네가 편리한 대로 호텔의 모든 시설을 이용해도 좋다.

to one's amazement

놀랍게도

➡ to one's surprise; to one's astonishment

To my amazement, loud noise has been proven to affect learning.

놀랍게도, 소음이 학습에 영향을 주는 것이 입증되었다.

to one's astonishment

놀랍게도

➡ to one's surprise

To my astonishment, he had completely disappeared without saying a single word.

놀랍게도 그는 아무 말 없이 사라졌다.

to one's delight

기쁘게도

➡ to one's joy

To my delight, this was the perfect solution to that problem.

기쁘게도, 이것이 그 문제에 대한 완벽한 해법이다.

to one's dismay

실망스럽게도, 놀랍게도

➡ to one's disappointment

To my dismay, the Japanese team scored five points.

실망스럽게도, 일본팀이 5점을 획득했다.

to one's face

면전에서

➡ directly to someone

Did you scold her **to her face** yesterday?

어제 면전에서 그녀를 야단쳤나요?

to one's feet

일어선 상태로

⇒ standing up

They rose **to their feet** to pay tribute to her performance.

그들은 그녀의 공연에 환호를 보내기 위해 일어섰다

to one's heart's content

마음껏, 실컷

⇒ to one's complete satisfaction

Those children seem to play in the snow **to their heart's content**.

저 아이들은 눈 위에서 마음껏 놀고 있는 것 같다.

to one's name

〈구어〉 (돈 등을) 자기 것이라고 말할 수 있는

⇒ of one's own

I don't have a penny **to my name** right now.

나는 지금 내 돈이라고 할 땡전 한 푼도 없는 빈털터리다.

to one's regret

유감스럽지만, 섭섭하지만

⇒ to one's disappointment

Much **to my regret**, she can't carry a tune.

대단히 유감스럽지만, 그녀는 음치다.

to one's satisfaction

(누가) 만족하도록, 만족을 주도록

➡ to one's contentment

I will do my best **to your satisfaction**.

네가 만족하도록 최선을 다하겠다.

to one's surprise

놀랍게도

➡ to one's astonishment

To my surprise, she refused to discuss the question.

놀랍게도 그녀는 그 문제를 논의하는 것을 거절하였다.

to one's taste

~의 마음에 들어

➡ to one's mind; in one's favor

Classical music is not **to my taste**.

클래식 음악은 내 취향이 아니다.

to perfection

완전히, 더할 나위 없이

➡ perfectly; completely; wholly; entirely; thoroughly

I think your clothes fit you **to perfection**.

너한테 그 옷이 잘 맞는 것 같다.

863
to some degree

어느 정도; 얼마간은

➡ to a certain degree; to some extent; more or less; somewhat

A television drama can, **to some degree**, influence our lives.

TV 드라마는 어느 정도 우리의 생활에 영향을 준다.

864
to some extent

어느 정도까지는, 부분적으로

➡ to a certain extent; to some degree; partly; in a measure

He agreed with me **to some extent**.

그는 어느 정도 나에게 동의하였다.

865
to sum up

요약하면

➡ in sum

To sum up, I spoiled my student through overindulgence.

요컨대, 나는 제멋대로 내버려두어 제자를 망쳤다.

866
to the advantage of

~에게 유리하도록

➡ to one's advantage

It can be used **to the advantage of** your enemy.

적에게 유리하도록 그것이 활용될 수도 있다.

to the amount of

금액으로 ~이나, 거금 ~까지

➡ to the tune of

She paid for it **to the amount of** three million won.

그녀는 그것에 거금 삼백만 원을 지불하였다.

to the backbone

철저한; 철두철미하게; 속속들이

➡ thoroughly; to the core; inside out

I think she is an American **to the backbone**.

그녀가 철저한 미국인이라고 생각한다.

to the best of one's ability

힘이 닿는 데까지

➡ to the best of one's power; to the utmost of one's ability

I think you took the exams **to the best of your ability**.

네가 최선을 다해서 시험에 임했다고 생각한다.

to the best of one's knowledge

모든 가능한 지식을 동원하여 볼 때, 아는 한에서는

➡ to the best of one's belief; to the best of one's recollection

To the best of my knowledge, she is a liar.

내가 아는 한, 그녀는 거짓말쟁이다.

to the bitter end

죽을 때까지, 최후까지

➡ till the bitter end

He fought against his enemies **to the bitter end**.

그는 마지막까지 그의 적들과 싸웠다.

to the bone

뼛속까지, 뼈저리게, 최대한으로, 철저히

➡ completely

She was wet **to the bone**.

그녀는 완전히 젖었다.

to the bottom

밑바닥까지; 철저하게

➡ thoroughly; completely; through and through; to the hilt

We'll probe this case **to the bottom**.

우리는 철저히 이 사건의 뿌리를 캘 것이다.

to the contrary

그와 반대되는, 반대로, 그것과 반대의 취지로

➡ in opposition to that; to the opposite effect; reversely

I don't have any evidence **to the contrary**.

나는 반대되는 어느 증거도 가지고 있지 않다.

to the death

죽을 때까지

➡ to the last breath

I will fight the enemy to the death for my king.
나는 왕을 위해서 죽을 때까지 적과 싸울 것이다.

to the effect that

~라는 취지의

➡ purporting that

I'll make a speech to the effect that we should study harder.
우리가 더 열심히 공부해야 한다는 취지의 연설을 할 것이다.

to the end

최후까지

➡ to the last; at the end; at last

We fought to the end in that battlefield.
우리는 그 전쟁터에서 최후까지 싸웠다.

to the feel

촉감으로 느끼기에

➡ to the touch

This artificial silk is soft to the feel.
이 인조 비단은 촉감이 부드럽다.

to the fore

전면에, 선두에

➡ noticed

I want you to know that our products are **to the fore**.

우리의 제품들이 선두에 있다는 것을 알아 주셨으면 합니다.

to the full

충분히

➡ thoroughly; fully

I enjoyed the beautiful sight of the city **to the full**.

나는 도시의 아름다운 경치를 만끽했다.

to the good

순이익으로, 흑자로

➡ to benefit, to help

They seem to have 10,000 dollars left **to the good**.

그들은 순이익으로 10,000달러를 남긴 것 같다.

to the hilt

완전히

➡ throughly; completely; up to the hilt; to the bottom

We are going to support them **to the hilt**.

우리는 그들을 전적으로 지지하려고 한다.

883 to the last

끝까지

➡ to the end; to a finish

They remained faithful to the last.

그들은 끝까지 신뢰를 지켰다.

884 to the last degree

극도로

➡ to the highest degree; extremely; in the extreme

She was excited to the last degree to hear the news.

그녀는 그 소식을 듣고 극도로 흥분했다.

885 to the letter

충실히; 문자 그대로

➡ precisely; literally

I will carry out my work to the letter as I told you.

나는 당신에게 말한 대로 착실히 내 일을 할 것이다.

886 to the memory of

~의 영전에 바쳐, ~를 추모하여

➡ to someone's memory; in memory of

We erect this statue to the memory of the founder of this university.

본 대학교의 창설자를 기리기 위하여 이 동상을 건립하였다.

887
to the nth degree

극도로, 최대한으로

➡ to the nth power; extremely; in the extreme; to an extreme

The costume of the Victorian era was gorgeous **to the nth degree**.

빅토리아 시대의 복장은 매우 호화스러웠다.

888
to the point

적절한, 요점을 잘 파악한

➡ pertinent; to the purpose

His speech was brief and **to the point**.

그의 연설은 짧으면서도, 요점이 있었습니다.

| 저자 |

Richard S. Kim(김상용)

경기고, 고려대 영문, MBA, 뉴욕 주립대(SUNY Executive Course)
現 Surprising English Vocab Center (영어 어원 및 숙어 유래 전문가)
前 국제 학교(SAIS) 영어 어원 교사(SSAT)
　　고대 어학원 강사(TOEFL), 스프링스 어학원 영재반 강사(SAT)
　　와인 전문 회사(Nara Food) 대표이사
　　두산 그룹, 해외 브랜드 마케터
　　경영 자문 및 통역, 미군 병원 근무(KATUSA)
저서 《SSAT Word Power》(2006), 《Interactive Marketing》(1996)

| 집필협력 |

Joseph Kim

신일고, 연세대, 영국 Surrey European Management School, MBA
現 Surprising English Vocab Center, Advisor
　　LimeTree Canada Inc. CEO
前 대상 그룹 , 두산 그룹　해외 비즈니스 마케터.

기본 핵심 전치사 6개로 공략하는

iBT TOEFL 빈출 숙어 888

1판1쇄　　2008년 8월 10일

저자　　Richard S. Kim
발행인　이기선
발행처　제이플러스
　　　　121-826 서울시 마포구 망원2동 467-30번지
전화　　02-332-8320
팩스　　02-332-8321
홈페이지　www.jplus114.com
등록번호　제10-1680호
등록일자　1998년 12월 9일

ISBN 978-89-92215-44-2
Printed in Korea.

값 8,800원(MP3 CD 2장 포함)
*파본은 구입하신 서점이나 본사에서 바꾸어 드립니다.

MEMO

MEMO

MEMO

MEMO

MEMO

MEMO

MEMO

MEMO

MEMO

MEMO

MEMO

MEMO

MEMO

MEMO

MEMO